상위 5% 총서

상위 5%로 가는 화학교실 2

기초
화학
하

상위 5% 과학총서 편찬 및 집필위원
대표집필_이복영(서울과학고 화학과)
신학수(서울과학고 물리과), 백승용(서울과학고 생물과),
구자옥(서울과학고 지구과학과), 김창호(서남대), 김용완(인제대), 김승국(서남대)

집필을 도와주신 분
강찬중(동덕여고), 이진주(언주중), 전영희(서울과학고), 옥준석(서울과학고),
홍기택(서울과학고), 정현민(서울과학고), 강진철(성심여고)

기획 (주)불지사 기획실
　　　책임 기획_이향숙
　　　진행_김영순, 정윤경, 김소영, 임상락, 유병수

논술
대표집필_신현숙(한국언어사고개발원 부원장)
최윤지(한국언어사고개발원 연구원), 신운선(한우리독서문화운동본부 강사),
김은영(독서교육기관 강사), 김주희(평생교육원 독서논술 강사),
신혜금(평생교육원 논술, 독서치료 과정 강사), 인선주(한우리독서지도사, 한국독서지도연구회 연구원)

교정·교열
이경윤, 장경원, 이승희, 박영숙

그림 김명호
사진 시몽
디자인 씨오디 Color of dream

상위 5% 총서

상위 5%로 가는
화학교실 2

신학수(서울과학고) 이복영(서울과학고) 백승용(서울과학고)
구자옥(서울과학고) 김창호(서남대) 김용완(인제대) 김승국(서남대)

기초
화학
하

위즈덤하우스

 간 행 사

과학의 기초, 원리, 개념부터
통합 과학 논술까지 책임진다

'상위 5% 총서'는 자라나는 청소년들이 '대한민국 상위 5%'가 되기 위해 반드시 알아야 할 학습 내용과 지식을 담은 시리즈입니다. 국내 최초의 학습총서인 이 시리즈를 위해 지난 3년간 각 분야의 전문가 선생님들이 모여 50권의 방대한 분량을 기획하고 집필하여 왔습니다.

이 중 20권을 차지하는 본 과학 시리즈는 특목고, 자립형 사립고 등 상위권 고등학교 진학을 목표로 공부하는 초등학생들과 중학생들을 대상으로 기획, 편찬되었습니다. 이 과학 시리즈의 특징은 학생들이 '스스로 탐구하고 생각할 수 있도록 이끌어주는 지팡이의 역할'을 한다는 데 있습니다.

우리는 우선, 학생들이 어떻게 해야 과학 공부가 즐거워지고, 장차 훌륭한 과학도가 되게끔 인도할 수 있을까를 고민하였습니다. 우리가 가장 중요하게 생각한 것은 이 책을 읽는 미래의 주인공들에게 '과학은 참으로 재미있다', '과학 공부는 해 볼 만하다'라는 흥미를 심어 주는 것이었습니다.

그래서 오랫동안 교단에서 학생들을 가르쳐 오신 과학 선생님들이 한 자리에 모여 여러 차례 토론과 학습을 거친 끝에, 다양한 경험과 지식, 교육적 노하우를 담아 과학 학습을 총 마스터 할 수 있는 20권의 과학총서를 만들게 되었습니다.

본 과학 시리즈는 모든 학습의 기본인 교과서의 주요 체계를 따라 기초 단계, 응용 단계로 분류하여 구성하였습니다. 특히 학교에서 교과서의 제한된 내용을 중심으로 가르칠 수밖에 없었던 아쉬움을 극복하기 위해, 보다 넓은 주제를 제시하고 심화 학습할 수 있도록 하였습니다.

 과학 과목을 공부하는 데 있어서 가장 중요한 것은 원리와 개념을 제대로 이해하는 것입니다. 과학고 선생님들이 주축이 되어 만들어진 이 책은 지식 전달 위주의 구성이 아니라, 이론이나 법칙, 공식의 생성 과정 등을 상세히 알려 줌으로써 학생들이 원리와 개념을 제대로 이해할 수 있도록 하였습니다. 자칫 딱딱하고 어려워질 수 있는 학습 주제들에 대해서는 실생활과 밀접한 사례나 에피소드를 들어 쉽게 이해할 수 있도록 하였습니다. 동시에 개념과 용어들이 나오게 된 배경을 설명해 줌으로써 학생들이 호기심과 흥미를 가지고 읽을 수 있도록 하였습니다.

 이 책을 읽는 학생들은 기초 과학은 물론, 응용 과학, 생활 과학, 과학사, 전통 과학까지 입체적으로 바라볼 수 있으며, 과학 전반에 대한 안목과 교양을 쌓을 수 있습니다. 더불어 특목고, 자사고 등 명문 고등학교에서 요구하는 기본 학습 목표에 충분히 도달할 수 있습니다. 또한 점차 큰 비중을 차지하는 논술 공부를 책 끝에 마련하여 새로운 통합 과학 논술의 시범적 사례를 제시하였습니다. 이 부분이 학생들에게 많은 도움이 되리라는 것은 의심할 여지가 없을 것입니다.

 앞으로의 우리나라 과학 학습은 단답식이 아닌 서술형 문제에 대한 체계적인 설명 능력의 비중이 커질 것입니다. 원리나 개념을 정확히 이해하지 못한 채 단순 암기식 공부만으로는 이제 문제에 대처해 나갈 수 없습니다.

 이 시리즈에 담긴 탄탄한 학습적 구성과 배경 설명들은 탐구력과 창의력을 목표로 하는 교육 방향과 일치하여, 학생들의 실력 배양에 든든한 밑바탕이 될 것으로 확신합니다.

 교육 일선에서 노력하시는 많은 선생님들과 자녀들 뒷바라지에 노고를 아끼지 않으시는 학부모님들께 다시 한 번 감사드리며, 새롭게 선보이는 '상위 5% 총서' 시리즈에 깊은 관심과 성원을 부탁드립니다.

'상위 5% 과학총서 편찬위원' 일동

머리말

우리의 생활
모든 것이 화학입니다!

　아침에 일어나서 마시는 물, 밥상에 올라온 맛있는 음식들과 그 음식을 담아 둔 그릇들, 세수하고 이를 닦는 데 이용하는 비누와 치약, 공부할 때 사용하는 연필과 지우개, 공책 등등. 우리가 매일같이 먹고, 마시며, 사용하는 모든 것들이 화학과 관계되어 있다는 것을 아는지요?

　사실 화학 없이는 인간 자체도 존재하지 못합니다. 우리의 몸은 수많은 화학 반응이 일어나는 복잡한 실험실이기도 하기 때문입니다. 호흡과 음식물의 섭취와 소화, 심지어 머리에서 일어나는 생각조차도 화학 반응이 관계하고 있을 정도입니다. 이런 이유로 사람들은 아주 오래전부터 화학을 연구해 왔습니다.

　과학은 처음 배울 때는 직접 눈으로 볼 수 있거나 생활 속에서 쉽게 확인할 수 있는 것부터 배우기 때문에 신기하고 재미있게 느껴지지만, 학년이 올라갈수록 점차 이론적인 것들이 많아지고 내용도 복잡해져서 학생들을 괴롭히는 과목으로 변해 버립니다.

　만일 여러분에게 "대부분의 연필이 육각기둥 모양을 하고 있는 이유가 무엇일까요?"라고 묻는다면 어떻게 대답을 할까요?

　'잡기 쉬우니까? 잘 굴러가지 않게 하려고? 멋있으니까?'

　이와 같은 생각을 했다면, 다음 질문에는 어떻게 대답을 하겠습니까?

　"왜 잡기 쉽고, 잘 굴러가지 않으며, 왜 멋있을까요?"

　누구나 경험을 통해 알고 있으면서도 정작 그 원리를 설명하려면 보통 어려운 일이 아니라는 것을 금세 깨닫게 됩니다.

　이처럼 과학은 어떤 물건을 만들어 내거나 어떤 현상을 이해하는데 그 기본 원리를 밝혀

주기 때문에 매우 매력적이며 유용한 학문입니다. 하지만 한편으로는 그 과정이 너무 복잡하고 어려운 것들이 많기 때문에 부단한 노력과 인내심이 필요한 학문이기도 합니다.

화학도 마찬가지입니다. 밤하늘을 수놓는 화려한 불꽃놀이, 알록달록 색이 변하는 용액, 질병을 치료해 주는 약, 이 모든 것이 신기하지만, 그 원리를 모두 이해하려면 많은 화학적 지식이 필요합니다. 또 그 지식 자체도 상당히 어려워서 공부하는 사람을 아주 곤란하게 만들기도 합니다.

이 책은 화학을 어려워하는 학생들이 화학을 좀 더 친근하게 느끼고, 내용과 원리를 쉽게 이해할 수 있게 해 보자는 생각에서 만들었습니다. 그래서 우선 학교에서 배우는 과학 교과에 맞추어 주제를 선정했습니다. 또한 가능한 한 친근한 소재를 중심으로 여기에 포함된 화학적 원리를 함께 다루되, 화학을 좀 더 깊게 공부하고자 하는 사람을 위해 고등학교 화학 교과 과정에서 다루어지는 내용까지 일부 포함했습니다. 나아가 우리 생활과 밀접한 관련이 있는 화학 분야의 첨단 제품들과 첨단 화학 이론들까지 소개함으로써 화학이 우리 생활에 미치는 영향과 앞으로 나아갈 방향 등을 생각해 볼 수 있도록 구성했습니다.

이 책을 통하여 많은 학생들이 화학을 비롯한 과학에 대해 더 많은 관심을 갖게 되고, 보다 재미있게 공부할 수 있게 되기를 바라며, 21세기 첨단 과학의 시대에 세계의 주역으로 성장할 수 있기를 바랍니다.

대표집필 이복영(서울과학고 화학과 교사)

일러두기

화학 여행자를 위한 안내서
본 시리즈 내에서 각 과목의 내용이 어떻게 구성되어 있는지 보여준다.

 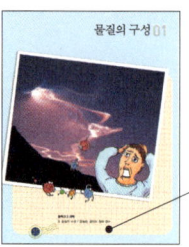

관련 교과
각 장에서 다루는 주제들이 교과서와 어떻게 연계되는지 해당 과목과 단원을 제시하였다.

과학자 노트
본문에 나오는 과학자에 대한 정보를 알 수 있도록 생애와 업적을 간략히 소개하였다.

팁
본문에 나오는 어려운 용어, 역사적인 사건, 과학 이론 등을 따로 떼어서 쉽고 자세한 설명을 붙여 이해도를 높였다.

사진
눈으로 보고 확인할 수 있는 다양한 시각 자료를 통하여 본문의 내용을 깊이 있게 이해하도록 도와준다.

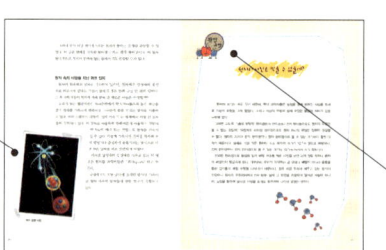

그림
학습 내용과 관련된 그림을 제시하여 이해를 도울 뿐 아니라 흥미를 유발하여 학습 동기를 갖게 하였다.

확장 교양
본문 내용과 관련하여 폭넓고 깊은 지식을 별도로 담아 지식의 폭을 넓히도록 하였다.

You Know What?
본문의 주제와 관련하여 알려지지 않은 흥미로운 이야기들, 역사적인 사건 등을 소개한다.

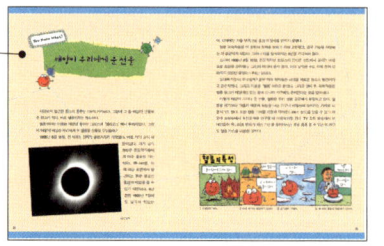

논술로 다시 읽는 기초 화학(하)
책에서 다루는 주제들을 3개의 통합 주제로 묶어 글 읽는 방법, 생각하는 방법, 글 쓰는 요령, 토론하는 자세 등 맞춤형 논술을 제시한다.

찾아보기
궁금하거나 알고 싶은 주제어를 빨리 찾아볼 수 있도록 해당 주제어가 나오는 페이지를 표시하였다.

화학 여행자를 위한 안내서
4단계 화학 여행

화학은 기초 화학(상), 기초 화학(하), 응용 화학, 화학사의 4단계로 구성되어 있다. 기초 단계에서는 학생들이 화학을 좀 더 친근하게 느끼고 내용과 원리를 쉽게 이해할 수 있도록 과학 교과에 맞추어 주제를 선정하여 알기 쉽게 설명하였다. 응용 단계는 친근한 소재를 중심으로 여기에 포함된 화학적 원리를 함께 다루었다. 화학사 단계는 화학의 발달 과정을 통해 과학자들의 삶을 소개하고, 또한 기초나 응용 단계에 나타난 다양한 개념을 확실히 다져 준다.

차례

간행사
머리말
일러두기
화학 여행자를 위한 안내서

1. 물질의 구성 · 15

옛날 사람들이 바라본 물질의 세계
일정한 질량비로 결합하는 물질
알갱이를 다시 살려 낸 돌턴
확장교양 – 돌턴의 원자설 중 수정해야 할 것들
You Know What? – 태양이 우리에게 준 선물

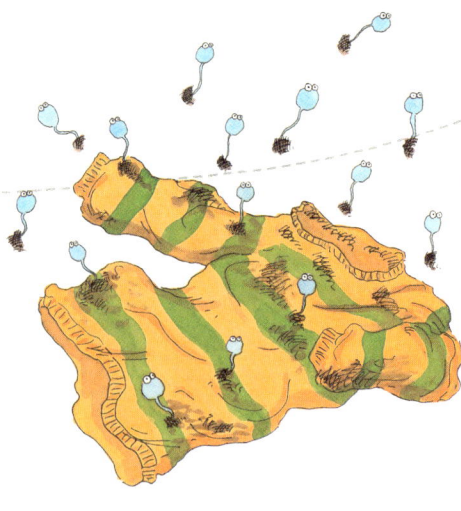

2. 원자 · 25

가장 작은 알갱이 | 원자 속을 샅샅이 파헤쳐라
원자 모형의 변천 과정 | 원자를 볼 수 있는 현미경
원자 속의 비밀을 지닌 쿼크 입자
확장교양 – 원자의 사진은 찍을 수 없을까?
You Know What? – 엄청난 알갱이의 위력

3. 원소 · 35

위대한 원소의 발견 | 표로 정리된 원소들
한 줄로 세우고 체중까지 밝힌다
빤들빤들 금속 원소, 펄펄 나는 비금속 원소
금속도 비금속도 아닌 준금속 원소
금속 원소들의 화려한 축제, 불꽃 반응
원자는 뭐고, 원소는 뭐야
확장교양 – 원소 더하기 원소는 화합물
You Know What? – 원소 이름의 어원을 찾아서

4. 분자의 정의 · 49

난관에 부딪힌 원자 | 돌턴의 원자설의 위기
아보가드로, 위기의 돌턴을 구하다 | 분자의 정체
분자의 크기는 나노 | 분자 모형
You Know What? – 원소가 나폴레옹을 죽였다고?

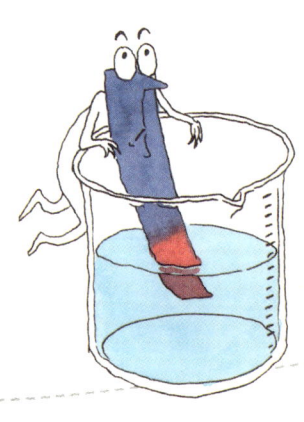

물질의 구성 01

중학교 3 과학
3. 물질의 구성 / 물질관, 돌턴의 원자 연구

과학자 노트

탈레스

(Thales, 기원전 624? ~ 기원전 546?) 생명과 우주 현상의 근본 물질에 주목한 고대 그리스의 첫 철학자로, 만물의 근원을 '물'로 보았다. 지구를 무한한 대양 위에 떠 있는 편평한 판이라고 생각했고, 만물의 생존 필수 요소가 물이라는 것이 그 이유였다. 일식을 예언하였으며, 최초의 기하학을 확립하였다. 닮은꼴을 이용하여 해안에서 바다에 떠 있는 배까지의 거리를 측정하였고, 자석이 금속을 끌어당기는 작용도 발견하였다.

옛날 사람들이 바라본 물질의 세계

우리는 물질이 '원자'라는 더 이상 쪼갤 수 없는 작은 알갱이들로 구성되어 있다는 것을 당연하게 여긴다. 하지만 이렇게 당연한 것도 옛날에는 전혀 상상하지도 못했거나 엉뚱한 방향으로 이해한 경우가 많았다.

고대 그리스 인들은 물질을 과학적인 근거를 바탕으로 이해하려 하지 않고 종교나 철학적 사상을 바탕으로 이해했다.

기원전 6세기 무렵, 그리스 최초의 철학자인 탈레스는 모든 생명의 필수 요소가 물이라는 이유로 '만물의 근원은 물'이라고 주장했다. 이것이 바로 '1원소설'이다.

그 후 기원전 5세기에 이르러 엠페도클레스는 나무를 태우면 불, 물, 공기가 나오고 재가 남는 현상을 바탕으로 만물의 근원이 한 가지가 아

탈레스 (기원전 624?~기원전 546?)
엠페도클레스 (기원전 490?~기원전 435?)
아리스토텔레스 (기원전 384~기원전 322)

중세 연금술사들

니라 불, 물, 공기, 흙의 네 가지라는 '4원소설'을 주장했다.

기원전 4세기에는 당대 최고의 철학자로 추앙받던 아리스토텔레스가 엠페도클레스의 4원소설을 지지하는 이론을 내놓았다. 그는 차갑고 습한 물, 습하고 따뜻한 공기, 따뜻하고 건조한 불, 건조하고 차가운 흙이 모여서 만물을 형성한다고 여겼으며, 이를 바탕으로 차갑고 따뜻하고 습하고 건조한 성질이 재배열되면서 물질들끼리 서로 변환될 수 있다는 '4원소 변환설'을 주장했다. 또한 아리스토텔레스는 물질과 물질 사이에는 공기가 가득 차 있어서 빈 공간이 없고, 연속적으로 연결되어 있다는 '연속설'을 주장했다.

그런데 그 와중에도 남다른 생각을 하는 사람이 있었으니, 바로 데모크리토스라는 사람이었다. 데모크리토스는 물질을 쪼개고 또 쪼개면 결국 가장 작은 알갱이인 원자가 된다고 주장했다. 바로 '입자설'을 주장한 것인데 오늘날 생각해 보면 참으로 대단한 발견이 아닐 수 없다.

하지만 당시에는 아무도 그의 말을 인정해 주지 않았다. 데모크리토스의 주장이 받아들여지기까지는 그로부터 무려 2,000여 년이나 걸렸다. 이렇게 오랜 기간이 걸린 데에는 여러 가지 이유가 있겠지만, 무엇보다도 연금술의 유행이 원자론을 방해하는 일등 공신 역할을 했다고 볼 수 있다.

연금술이란 값싼 금속을 값비싼 황금으로 만들 수 있다고 여긴 기술의 한 분야인데, 물질이 변환될 수 있다고 주장한 아리스토텔레스의 이론이 그 바탕이 되었다. 연금술사들은 아리스토텔레스의 4원소설을 철석같이 믿고 싸구려 철로 황금을 만든다는 허황된 꿈 속에서 1,000년이 넘는 시간을 보냈다. 만일 고대 그리스 인들이 데모크리토스의 입자설을 믿었더라면 현대의 화학은 지금보다 훨씬 더 발전했을지도 모른다.

이런 연금술사들의 잘못된 믿음이 원자의 발견을 더디게 하는 주요한 원인이었지만, 한편으로는 연금술사들

고대의 물질관

아리스토텔레스로 대표되는 연속설과 데모크리토스의 입자설로 나눌 수 있다.
연속설은 물질을 연속적인 것으로 보아 물질이 없어질 때까지 계속 쪼갤 수 있다는 생각이다.
입자설은 물질을 계속 쪼개면 더 이상 쪼개지지 않는 궁극적인 입자가 있다는 생각인데, 데모크리토스는 이 입자를 원자라고 하였다.

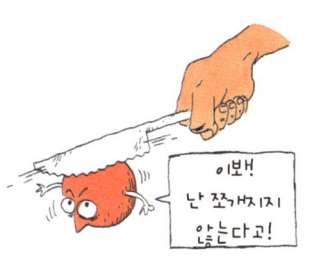

이봐! 난 쪼개지지 않는다고!

이번엔 꼭 금을 만들어야 집세를 내는데······

과학자 노트

데모크리토스

(Dēmokritos, 기원전 460?~기원전 370?) 고대 원자론을 확립한 그리스 철학자. 그에 따르면 원자는 무수하며, 원자에는 여러 가지 크기(무게)와 형태가 있고, 그것들이 광대한 진공 속에서 회전 운동을 하면서 비슷한 것은 서로 합쳐진다는 것이다. 그래서 무거운 원자들의 무리는 우주의 중심(대지)에 모이고, 가벼운 원자들의 무리는 하늘 높이 올라가 천체가 된다는 것이다.

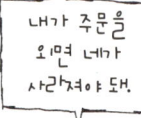

의 지칠 줄 모르는 실험 정신이 현대의 화학을 이루어 내는 데 든든한 반석이 되어 주었다. 그래서 화학자들은 화학을 말할 때 '연금술이 낳은 황금'이라고 말하곤 한다.

연금술사들은 금을 만들 수 있다는 꿈에 젖어 수없이 많은 실패를 거듭하면서도 연구와 실험을 멈추지 않았다. 그 결과 이전에는 상상하지도 못했던 다양한 실험 기구들과 시약들이 개발됐고, 연구 방법도 더욱 체계를 갖추게 됐다.

서당 개 3년이면 풍월을 읊는다는데, 인간이 1,000년 넘게 연금술에 매달렸다면 황금 아니라 다이아몬드라도 만들어 내는 게 당연한 것인지도 모르겠다. 여하튼 연금술사들은 황금을 얻는 데는 실패했지만 그보다 더 값진 화학의 기초를 다지는 데 지대한 공헌을 했다.

일정한 질량비로 결합하는 물질

아리스토텔레스에 대한 막강한 신뢰와 연금술이라는 달콤한 유혹 앞에서 물질이 알갱이로 이루어져 있다는 사실은 더 이상 거론될 일이 없을 듯했다. 그러나 19세기에 이르러 여러 분야의 과학이 발달하면서 몇 가지 화학 법칙이 발견되었고, 이 법칙을 연구하는 과정에서 입자설이 다시 고개를 들게 되었다. 케케묵은 도서관 구석에 처박혀 있던 입자설을 다시 끄집어낸 것은 바로 '질량 보존의 법칙'과 '일정 성분비의 법칙'이었다.

물은 수소와 산소가 만나 만들어진다. 전기를 이용해서 물 18g을 분해하면 수소 기체 2g과 산소 기체 16g이 생긴다. 이것을 통해 반응 전후에 물질의 질량이 보존된다는 사실(질량 보존의 법칙)과, 물은 수소와 산소가 1:8의 질량비로 결합해 있다는 사실(일정 성분비의 법칙)을 알 수 있다.

두 물질이 반응하여 한 화합물을 만들 때에는 언제나 일정한 비율로 결합한다는 사실을 1799년 프랑스의 과학자 프루스트가 처음 알아냈다.

프루스트는 자연에 존재하는 염기성 탄산구리와 실험실에서 만든 염기성 탄산구리를 분석한 결과 두 화합물에서 성분 물질의 조성비가 같다는 사실을 발견했다. 그는 이러한 사실을 근거로 '일정 성분비의 법칙'을 발표했다.

그러나 그 당시 과학자들은 이것을 인정하지 않았다. 특히 베르톨레는 철의 산화물을 분석하여, 그 철과 산소의 구성 비율이 어떤 산화철에서는 56:16이고 또 다른 산화철에서는 56:24라는 실험 결과를 내세워 프루스트가 옳지 않다고 반박했다.

프루스트와 베르톨레는 약 8년간에 걸쳐서 논쟁을 벌였지만 결국 프루스트의 승리로 끝났다. 그 까닭은 철의 산화물에는 두 종류가 있다는 것이 밝혀졌기 때문이다. 즉, 철과 산소의 질량비가 56:16인 산화철은 산화제일철이고, 질량비가 56:24인 것은 산화제이철이었던 것이다.

이처럼 프루스트의 '일정 성분비의 법칙'이 성립한다는 사실이 밝혀지면서 그 원인이 무엇인지를 밝히려는 과학자들이 생기게 되었고, 그 중 돌턴이라는 사람이 근대 화학에 있어서 새로운 돌파구를 찾게 됐다.

알갱이를 다시 살려 낸 돌턴

프루스트와 베르톨레의 논쟁을 통해 산화철에 산화제일철과 산화제이철 등이 있다는 것이 밝혀진 것처럼, 구성 원소는 같지만 각 원소의 성분비에 따라 서로 다른 물질을 이루는 경우는 이외에도 많다. 가령 사람이 숨을 쉬고 내뱉는 이산화탄소와 연탄이 타면서 발생하는 일산화탄소도 이에 해당한다.

돌턴은 일산화탄소와 이산화탄소에서 일정한 질량의 탄소와 결합하는 산소의 질량이 1:2라는 간단한 정수비가 된다는 것을 알아냈는데,

과학자 노트

돌턴
(John Dalton, 1766~1844)
영국의 화학자이자 물리학자이며, 화학적 원자론의 창시자이다. 돌턴은 원소들이 결합하여 여러 기체를 구성하며, 그 원소들은 무게가 일정하고 더 이상 쪼갤 수 없는 작은 입자들로 구성되어 있다고 했다. 그는 과거의 원자설에서 한 걸음 더 나아가, 화합물은 원자가 모여 이루어져 있으며, 동일한 화합물을 이루는 성분 원소의 원자 수는 항상 일정하다는 화합물 구성의 원리를 제시했다.

이것을 '배수 비례의 법칙'이라고 한다. 즉, 일산화탄소는 탄소 대 산소의 성분비가 12g : 16g이고, 이산화탄소는 12g : 32g이므로 탄소 12g과 결합하는 산소의 질량비는 16 : 32 = 1 : 2가 된다.

일정 성분비의 법칙을 바탕으로 배수 비례의 법칙을 발견한 돌턴은 이러한 법칙이 성립하는 까닭이 무엇인지 연구를 계속했다. 그 결과 돌턴은 화합물을 만드는 각 원소의 원자 수가 항상 일정하다고 생각했고, 또 같은 원소의 원자는 모두 같은 질량을 가지고 있어야 한다고 생각했다. 이러한 생각을 정리하여 발표한 것이 유명한 '돌턴의 원자설'이다. 데모크리토스가 원자라는 말을 처음 사용한 지 무려 2,000여년이 지난 후에야 세상의 모든 물질이 알갱이로 이루어졌음이 밝혀진 것이다.

▶ **돌턴의 원자설**

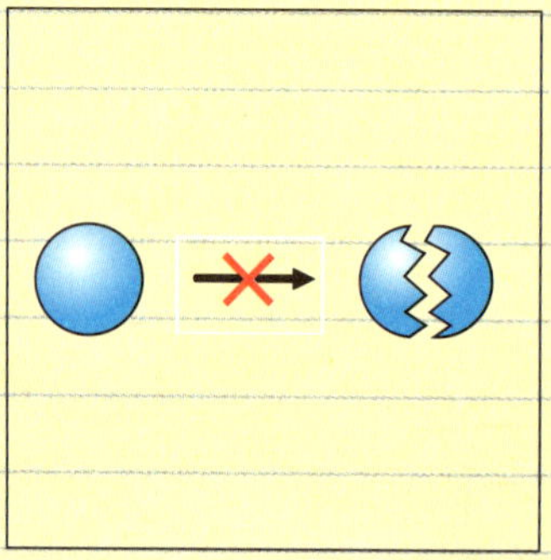

첫째, 모든 물질은 더 이상 쪼갤 수 없는 원자로 이루어져 있다.

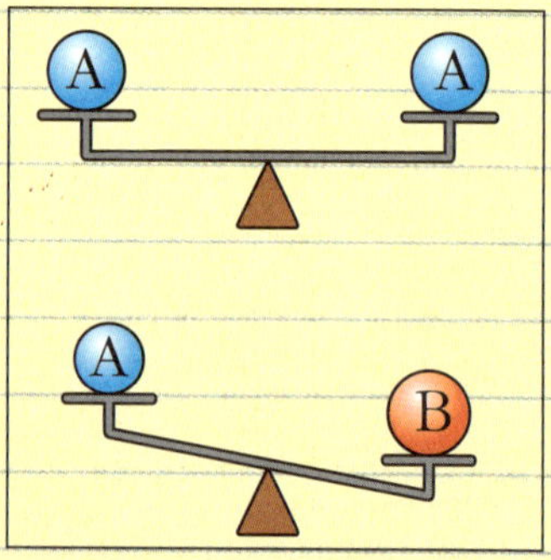

둘째, 같은 종류의 원자는 모두 크기와 질량이 같으며, 다른 종류의 원자는 크기와 질량이 서로 다르다.

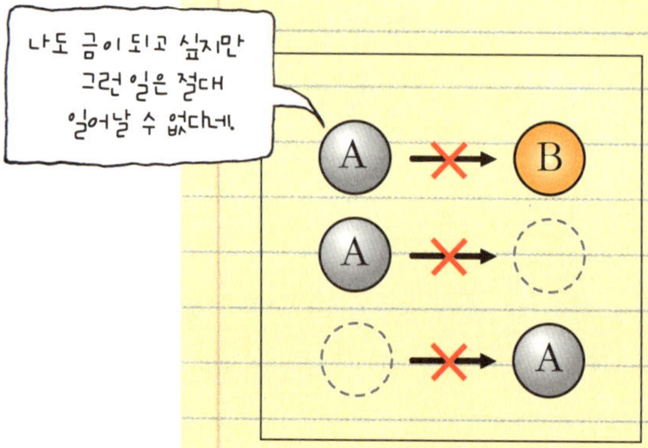

> 나도 금이 되고 싶지만 그런 일은 절대 일어날 수 없다네.

셋째, 화학 변화가 일어날 때에 한 원소의 원자는 다른 원소의 원자로 바뀌거나, 없어지거나, 새로 생겨나지 않는다.

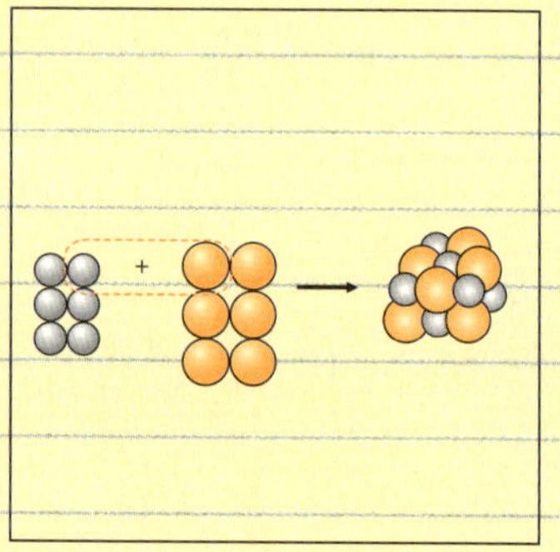

넷째, 화합물은 한 원자와 다른 원자가 일정한 비율로 결합함으로써 이루어진다.

돌턴의 원자설 중 수정해야 할 것들

근대 화학의 문을 연 돌턴의 원자설에서는 이후 과학 기술이 발전하면서 몇 가지 오류가 발견되었다.

첫째, 원자는 양성자와 중성자로 구성된 핵과 전자로 이루어져 있다는 것이 발견됐다. 이로써 원자는 더 이상 쪼갤 수 없는 궁극적인 입자라고 볼 수 없으며, 실제 핵반응이 일어나면 원자가 쪼개지기도 한다는 것이 밝혀졌다.

둘째, 같은 종류의 원자는 모두 크기와 질량이 같아야 하는데, 같은 원자라도 질량이 다른 것이 존재한다는 것을 발견했다. 바로 동위원소의 존재를 발견한 것이다.

자연계에 존재하는 산소는 대부분 8개의 양성자와 8개의 중성자를 가짐으로써 질량수가 16인 원자핵으로 이루어져 있다. 그러나 아주 드물게 중성자를 9개나 10개 가짐으로써 질량수가 17이나 18이 되는 산소도 존재한다는 것이 연구에 의해 밝혀졌다. 이외에 우라늄도 질량수가 234, 235, 238인 3가지 동위원소로 존재한다.

태양이 우리에게 준 선물

지금까지 발견한 원소의 종류는 110여 가지이다. 그런데 그 중 태양이 선물로 준 원소가 있다. 바로 헬륨이다.

헬륨이라는 이름은 태양을 뜻하는 그리스어 '헬리오스'에서 유래되었다. 그런데 어떻게 태양은 우리에게 이 헬륨을 선물로 주었을까?

1868년 8월 18일, 전 세계가 술렁거리기 시작했다. 바로 개기 일식 때문이었다. 개기 일식 현상은 천문학자들에게 아주 중요한 사건이다. 왜냐하면, 이 때 태양 표면에서 발견되는 붉은 불꽃인 홍염의 비밀을 풀 수 있기 때문이다. 8년 전인 1860년 7월에도 일식이 있었는데, 이

개기 일식

때에는 기술 부족으로 홍염의 정체를 밝히지 못했다.

많은 과학자들은 이 홍염의 정체를 밝히기 위해 고민했고, 결국 기술을 개발하는 데 성공했다. 그러나 다음 일식까지는 8년을 기다려야 했다.

드디어 1868년 8월 18일, 천문학자인 프랑스의 쟌센은 인도에서 설레는 마음으로 홍염을 관측했다. 그런데 데이터 분석 결과, 이미 낯익은 수소 외에 전혀 알려지지 않았던 물질이 나타난 것이다.

도대체 이것이 무엇일까? 결국 여러 학자들은 이것을 새로운 원소의 발견이라고 결론짓고 이름을 '헬륨'이라고 붙였다. 그리고 얼마 후, 과학자들은 헬륨 원소가 태양에만 있는 것이 아니라 지구에도 존재한다는 것을 알아냈다.

태양이 가져다 준 선물, 헬륨은 우리 생활 곳곳에서 활용되고 있다. 헬륨은 공기보다 가볍기 때문에 하늘을 나는 기구나 비행선에 들어가는 기체로 이용되기도 한다. 또한 헬륨 기체를 이용해 극저온(-268℃ 정도)을 얻을 수 있기 때문에 실험실에서 초전도체를 연구할 때 이용되기도 한다. TV 오락 방송에서 연예인들이 목소리를 변하게 하는 가스를 들이마시는 것을 종종 볼 수 있는데 이것도 헬륨 가스를 이용한 것이다.

원자 02

중학교 3 과학
3. 물질의 구성 / 원자

고등학교 화학 II
2. 물질의 구조 / 원자 구조

관련 교과

가장 작은 알갱이

　제1회 '누가 누가 더 작나' 대회가 열렸다. 대회의 참가자 수는 총 3명, 먼지 알갱이와 소금 알갱이 그리고 원자 알갱이였다. 그런데 경기는 너무 싱겁게 끝이 났다. 그 이유는, 재 볼 필요가 없을 정도로 너무 크기 차이가 났기 때문이다. 당연히 원자 알갱이의 한판승이었다. 그런데 이 원자 알갱이는 도대체 얼마나 작았던 걸까?

　원자는 눈에 보이지 않을 뿐만 아니라, 우리의 상상을 초월할 정도로 작다. 그런데 이 원자를 아주 먼 고대에 데모크리토스라는 사람이 예측했으니 대단한 상상력이라고 할 수 있다. 그러나 원자의 성질에 대해 구체적으로 우리에게 알려 준 돌턴의 공로 또한 무시할 수 없다. 우리는 돌턴의 원자설을 통해 비로소 원자에 대해 알게 되었다.

　이때까지만 해도 원자를 단순한 알갱이 정도로 생각했는데, 몇 명의 과학자에 의해 원자의 속내가 드러나고 말았다. 즉, 원자는 단순한 알갱이가 아니라 그 속에 원자핵과 전자가 있고, 또 원자핵은 양성자와 중성자로 이루어졌다는 사실이 밝혀졌다. 어떻게 이처럼 작은 알갱이의 속을 샅샅이 알아낼 수 있었던 것일까?

원자 속을 샅샅이 파헤쳐라

'반짝인다고 다 금은 아니다'라는 속담이 있다. 그렇다면 금을 금일 수 있도록 만드는 것은 무엇일까? 당연한 대답 같지만, 금이 금으로서 자격을 얻으려면 금 원자로 이루어져 있어야 한다. 만약 금 원자 외에 다른 원자가 섞여 있다면 순금이라고 부를 수 없다.

그렇다면 원자는 어떻게 생겼기에 종류마다 제각각의 특성을 나타내는 것일까?

원자의 실체에 대한 과학자들의 연구는 19세기 후반부터 시작되었다. 1897년 영국의 과학자 톰슨은 실험 도중 원자에서 (-)전기를 띤 '전자'의 존재를 발견하였다. 이 전자의 크기가 어느 정도인가 하면, 원자의 크기가 야구장이라면 전자는 모래알보다도 훨씬 작은 크기이다.

그런데 만약 톰슨의 발견대로 모든 원자에 (-)전기를 띠는 전자가 존재한다면 당연히 (+)전기를 띠는 입자도 존재할 것이다. 원자는 중성이기 때문에 (-)전하에 해당하는 만큼의 (+)전하가 존재해야 하기 때문이다. 이런 생각을 가지고 있던 러더퍼드는 1911년 드디어 (+)전기를 띤 원자핵의 존재를 발견하게 되었다.

과학자 노트

톰슨

(Joseph John, Thomson, 1856~1940) 영국 맨체스터에서 태어나, 1880년 케임브리지 대학 트리니티 칼리지를 수석으로 졸업하였다. 1884년 캐번디시 연구소의 실험 물리학 교수가 되었고, 전자를 발견한 업적으로 1906년 노벨 물리학상을 받았다.

톰슨이 발견한 전자는 원자의 구성 입자들 중에서 가장 처음 발견된 것이다. 전자의 발견은 20세기 원자론의 발전에 결정적인 역할을 하였다.

과학자 노트

러더퍼드

(Ernest Rutherford, 1871~1937) 영국에서 뉴질랜드로 건너간 농부의 아들로 태어나 뉴질랜드 대학 캔터베리 칼리지에서 물리학을 공부하였다.

1895년 캐번디시 연구소에서 톰슨의 지도하에 연구 생활에 들어갔다.

러더퍼드의 가장 획기적인 업적은 원자핵의 발견과 그에 기초한 '유핵 원자 모형'이다. 그는 '원자는 대부분 빈 공간으로 이루어져 있으며, 원자 지름의 10,000분의 1 정도의 좁은 공간에 원자핵이 있고, 그 주위를 전자가 돌고 있다'는 '유핵 원자 모형'을 발표했다.

1908년에 노벨 화학상을 수상하였다.

그러면 이 원자핵의 크기는 어느 정도일까? 원자의 크기를 축구장으로 비유했을 때 원자핵은 앵두 크기 정도이다. 전자에 비하면 엄청난 거인인 셈이다.

그리고 후에 원자핵도 하나의 입자가 아니라 양성자와 중성자라는 입자로 이루어져 있다는 놀라운 사실이 발견되었다.

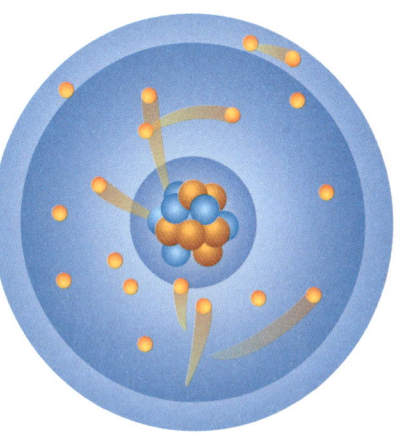

▶ 원자의 내부 구조

원자 모형의 변천 과정

데모크리토스가 최초로 원자라는 개념을 도입한 이후 돌턴, 톰슨 등 여러 과학자들의 연구가 더해지면서 원자의 구조와 모형은 조금씩 형

데모크리토스
물질은 더 이상 쪼개지지 않는 원자가 모여서 만들어진다.

돌턴
물질은 원자로 이루어져 있으며 원자는 딱딱한 공 모양이다.

톰슨
건포도가 든 푸딩처럼 양전하 속에 전자가 파묻혀 있다.

러더퍼드
원자의 중심부에 질량이 큰 원자핵이 있으며, 그 주위에 전자가 있다.

보어
태양계의 행성처럼 전자가 원자핵 주위를 궤도를 따라 움직인다.

채드윅
원자핵에는 양성자와 질량이 비슷하며 전하를 띠지 않는 중성자가 있다.

태가 변해 왔다.

한편, 원자 모형은 현대 화학에서 원자의 반응을 설명할 때 자주 활용된다. 가상의 원자 모형을 이용하면 보이지 않는 원자의 세계를 훨씬 쉽게 그려 볼 수 있기 때문이다.

예를 들어 염소 원자와 수소 원자가 만나 염화수소가 만들어질 때의 반응을 원자 모형으로 나타내면 다음과 같다.

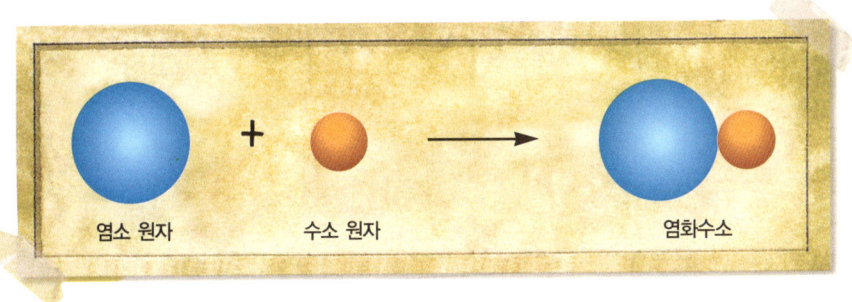

원자를 볼 수 있는 현미경

지금까지 우리가 만난 원자의 세계는 순전히 과학 실험을 통한 상상 속에서 나온 것이다. 최근까지도 누군가 '원자를 실제로 본 적이 있나?'라고 묻는다면 자신 있게 대답할 수 없는 상황이었다.

그러나 원자 현미경의 등장으로 대략적인 원자의 배열 모습을 볼 수 있게 되었다.

1981년 스위스 IBM의 로러와 비니히 박사가 주사 터널 현미경이라는 장치를 개발하면서 원자의 세계를 대략적으로 관찰할 수 있는 길이 열리게 되었다.

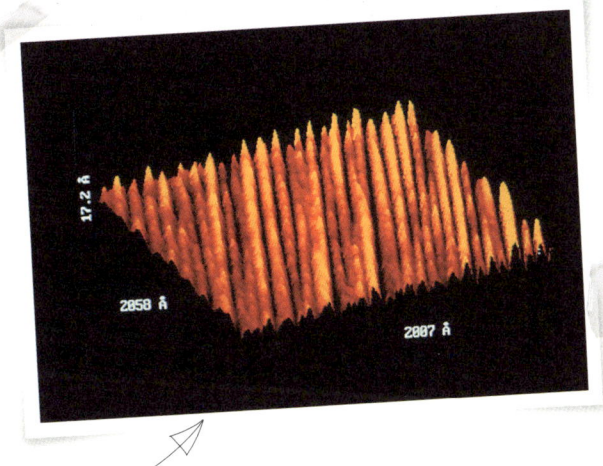

원자 현미경으로 찍은 칼슘 극세사

그러나 주사 터널 현미경으로는 전기가 통하는 물체만 관찰할 수 있었다. 이 같은 한계를 극복한 현미경이 바로 원자 현미경이다. 원자 현미경으로 전기가 통하지 않는 물체까지도 관찰할 수가 있다.

원자 속의 비밀을 지닌 쿼크 입자

원자가 원자핵과 전자로 이루어져 있으며, 원자핵은 양성자와 중성자로 이루어져 있다는 사실이 밝혀진 것은 불과 수십 년 전의 일이다. 그 후 과학자들이 원자에 대해 밝혀 낸 새로운 사실은 무엇일까?

우리가 보는 텔레비전은 브라운관에서 약 5,000볼트의 높은 전압을 걸어 전자를 가속시켜 텔레비전 스크린에 빛을 보내는 방식을 사용하고 있다. 미국 스탠포드 대학의 '선형 가속기(입자 가속기)'는 세계에서 가장 긴 전자총이 장치되어 있다. 이 장치를 사용하면 텔레비전에 사용하는 전압의 약 500만 배나 되는 전압으로 전자를 가속시킬 수 있다. 이렇게 가속시킨 전자를 원자핵 속의 양성자나 중성자에 충돌시키는 방식으로 아주 작은 입자를 새로 발견하게 되었다.

이처럼 양성자와 중성자를 이루고 있는 이 새로운 입자를 과학자들은 '쿼크(quark)'라고 부른다.

국내에서도 포항 공대에 설치한 방사광 가속기로 원자 내부 입자들에 대한 연구가 진행되고 있다.

원자핵의 양성자와 중성자를 이루는 쿼크

원자의 사진은 찍을 수 없을까?

원자의 크기는 매우 작기 때문에, 역대 과학자들은 실험을 통해 밝혀진 사실을 토대로 가상의 모형을 그려 왔다. 그러나 가상의 모형과 실제 모양은 분명히 차이가 있을 수밖에 없다.

그러면 고도의 기술로 발달된 현미경(원자 현미경이나 전자 현미경)으로도 원자의 모양은 볼 수 없는 것일까? 아쉽게도 이러한 현미경으로도 원자 하나의 모양은 정확히 관찰할 수 없다. 원자의 크기가 전자 현미경이나 원자 현미경으로 볼 수 있는 크기보다 훨씬 더 작기 때문이다. 실제로 가장 작은 원자인 수소 원자의 크기가 10^{-10}m 정도로 예상되나, 전자 현미경이나 원자 현미경으로 볼 수 있는 크기는 10^{-9}m(나노미터 크기) 정도이다.

이러한 현미경으로 물질의 입자 배열 구조를 찍은 사진을 보면 이게 정말 원자나 분자의 배열인지 헷갈리게 된다. 대부분이 우리가 생각하는 공 모양의 배열이 아니라 울퉁불퉁한 입자들의 배열 모양을 나타내기 때문이다. 결국 지금 우리가 배우는 원자의 모양이나 원자의 구조(원자핵과 전자 등)는 실제 그 모양을 관찰하여 알아낸 사실이 아니라, 실험을 통하여 알아낸 사실을 토대로 추측하여 나타낸 모형인 셈이다.

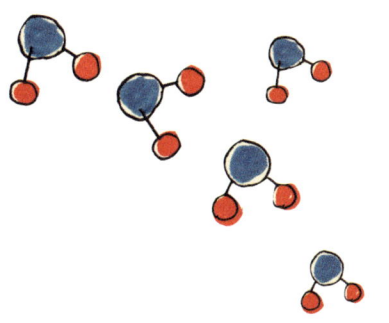

엄청난 알갱이의 위력

눈에 보이지 않는 원자의 존재를 발견해 낸 인간은 이 원자가 더 작은 핵과 전자로 이루어져 있다는 사실도 발견했다. 그리고 그 핵은 더 작은 중성자와 양성자로 이루어졌다는 사실도 밝혀 냈다. 이러한 인간의 끝없는 탐구심은 결국 핵폭탄을 만들게 했다.

제2차 세계 대전이 한창이던 1945년 7월 16일, 미국은 인류 최초의 핵폭발 실험에 성공한다. 이는 미국 정부가 제2차 세계 대전 중 비밀리에 추진한 암호명 '맨해튼 프로젝트'에 의해 진행되었다.

이 실험을 진두지휘했던 사람은 오펜하이머이다. 그는 핵폭발 실험을 지켜보면서 성공의 기쁨보다는 오히려 핵폭발이 보여 준 무시무시한 힘에

일본에 투하된 원자 폭탄, 리틀보이

공포를 느꼈다고 한다.

사실 이 계획은 독일이 먼저 원자 폭탄을 개발할 것을 우려한 아인슈타인이 미국 학자들의 권유로 1939년 당시 루스벨트 미국 대통령에게 편지를 보내면서 시작되었다.

결국 미국은 핵폭탄 개발 계획을 추진하게 되었고, 이렇게 탄생한 것이 바로 2개의 원자 폭탄이다. 이 2개의 원자 폭탄은 '리틀보이'와 '팻맨'으로 불리는데, 무게 4,082kg, 길이 3m, 지름 0.72m였다. 이들은 각각 TNT 15,000톤의 엄청난 위력을 갖추고 있었다.

결국 2개의 원자 폭탄은 일본 히로시마와 나가사키에 각각 투하되었고, 한순간에 20만여 명의 목숨을 앗아 갔다. 더불어 두 도시는 과거의 자취를 거의 찾아볼 수 없을 정도로 파괴되었다. 이 무시무시한 핵폭발 앞에서 일본은 무조건 항복을 선언했고, 태평양 전쟁은 막을 내리게 되었다.

미국이 일본에 떨어뜨린 2발의 핵폭탄은 전 세계를 전쟁의 구렁텅이에서 구해 낸다는 명분을 앞세웠지만, 전 세계인들을 핵폭탄의 공포에 몰아넣었고 나아가 지금까지도 후유증에 시달리는 사람들이 남아 있다.

오펜하이머는 후에 이런 말을 남겼다고 한다.

"이제 나의 이름은 죽음이며, 세상의 파괴자다."

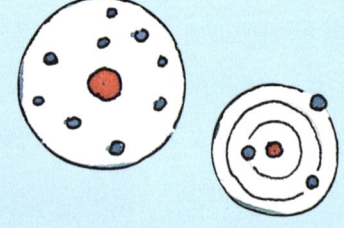

원소 03

수소
탄소

중학교3 과학
3. 물질의 구성 / 원소

고등학교 화학 II
2. 물질의 구조 / 원소의 주기율

위대한 원소의 발견

현대 물질 문명은 '산업 혁명'이라는 큰 파도의 물결이 있었기 때문에 가능했다고 할 수 있다. 즉, 모든 것을 수작업으로 처리하던 농업 중심의 사회를 공업 중심의 사회로 바꿔 놓은 산업 혁명이 없었다면, 지금도 대부분의 사람들이 농업에 의존하여 살고 있을지도 모를 일이다.

산업 혁명 때문에 현대 문명이 존재하는 것과 마찬가지로, 현대 화학도 라부아지에의 '화학 혁명'이 있었기 때문에 존재한다고 할 수 있다. 라부아지에의 화학 혁명이란 도대체 무얼 말하는 것일까?

라부아지에 이전까지만 해도 아리스토텔레스의 사상이 약 200년 동안 과학계까지 지배하던 상황이었다. 즉, 물질의 근원은 4원소(물, 불, 공기, 흙)라고 생각하고 있던 시기에 라부아지에가 4원소설이 틀렸다는 사실을 증명해 낸 것이다. 그가 새롭게 발견해 낸 것은 바로 '원소'의 존재이다.

라부아지에는 '원소란 현재 어떤 수단을 사용하여도 더 이상 다른 것으로 분해할 수 없는 것'이라고 주장하였다. 그런데 당시의 기술로 공기를 몇 종류의 기체로 분리(이산화탄소와 질소 등을 분리해 낼 수 있었다)함으로써 공기가 한 원소가 아님이 밝혀졌고, 따라서 아리스토텔레스의 4원소설이 맞지 않다는 것을 알게 되었다. 이후 돌턴이 원자의 존재를 밝히게 되면서 물질의 근원은 원소와 원자임이 사실로 받아들여지게 되었다.

현대에는 원소를 '더 이상 분해가 되지 않는 한 종류의 원자로만 이루어진 물질 및 그 물질의 구성 성분'이라고 한다. 원소

렘브란트의 〈호메로스 흉상과 아리스토텔레스〉. 고대의 아리스토텔레스가 중세 복장을 한 것은 그의 영향력이 그만큼 오래 이어졌다는 것을 나타내기 위한 것이다.

가 화학 혁명을 일으킨 이유가 여기에 있다. 이전까지는 아리스토텔레스 사상 때문에 원소가 변할 수 있다고 굳게 믿었으나, 이제 물질이 원소로 이루어져 있고, 또 원소가 더 이상 분해되지 않고 변하지도 않는다는 사실이 밝혀졌다. 이것이 바로 혁명인 셈이다.

라부아지에와 산화칼슘

라부아지에는 당시의 기술로는 분해할 수 없었던 산화칼슘 같은 것도 원소로 보았다. 그러나 산화칼슘은 현재 산소 원자와 칼슘 원자로 분해할 수 있다. 이처럼 기술이 발달하지 못했을 때에는 원소였다가 지금은 원소가 아닌 것으로 판명된 것들도 있다.

표로 정리된 원소들

오늘이 며칠인지, 또 무슨 요일인지 알고자 할 때 달력을 본다. 왜냐하면 달력에는 1년 365일이라는 날짜가 월별, 요일별로 잘 정리되어 있기 때문이다.

그런데 화학에서도 달력에 비유할 수 있는 것이 있다. 바로 원소의 주기율표이다. 원소의 주기율표란 달력처럼 많은 종류의 원소들을 성질에 따라 잘 정리해 놓은 하나의 표라고 할 수 있다.

이 세상에 존재하는 원소는 약 110여 종이다. 왜 정확한 숫자가 아닐까? 그 이유는 현재에도 계속 원소가 만들어지고 있기 때문이다. 지금까지 밝혀진 110여 종의 원소는 자연계에 존재하는 92종의 원소와 실험실에서 인공적으로 만들어진 원소를 모두 다 합한 수이다.

이처럼 원소의 수가 많다 보니 잘 정리해 놓지 않으면 헷갈릴 수밖에 없다. 원소들을 달력처럼 잘 정리해 놓으면, 그 표만 보고도 우리가 알고자 하는 원소가 몇 번인지, 또 어떤 성질을 가진 원소인지 쉽게 알 수 있다.

▶ 달력처럼 정리된 원소 주기율표의 예. 주기율표에서 같은 열에 속한 원소들은 서로 비슷한 성질을 지닌다.

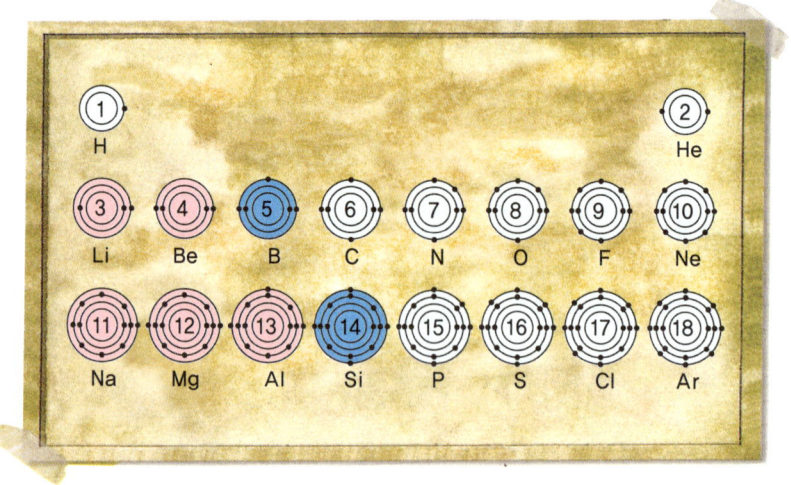

한 줄로 세우고 체중까지 밝힌다

우리에게 민호, 지수, 준영 등의 이름이 있는 것처럼, 각각의 원소에도 수소, 헬륨, 산소, 황, 철, 우라늄 등의 이름이 있다. 그리고 수소는 H, 헬륨은 He, 산소는 O, 황은 S, 철은 Fe, 우라늄은 U와 같이 각 원소를 특정 알파벳으로 표기하고 있는데, 이를 '원소 기호'라고 부른다. 중학교 과정에서 꼭 알아 두어야 할 원소들의 원소 기호를 정리하면 아래 표와 같다.

원소 이름	원소 기호	원소 이름	원소 기호
수소	H	플루오르	F
헬륨	He	네온	Ne
탄소	C	나트륨	Na
질소	N	마그네슘	Mg
산소	O	알루미늄	Al
규소	Si	칼슘	Ca

학급에서 우리의 이름만큼이나 중요한 역할을 하는 것이 바로 번호이다. 키 순서, 이름의 가나다 순서 등의 기준에 따라 번호를 붙여 놓으면 아주 편리하다.

그런데 원자들에도 이러한 번호가 매겨져 있다. 원자의 번호를 붙인 이유 역시 편리하게 다루기 위해서이다.

그러면 원자들은 어떤 기준으로 번호를 정할까? 원자의 내부는 원자핵과 전자로 이루어져 있다고 했다. 그런데 원자핵은 다시 양성자와 중성자로 이루어져 있고, 이 중 양성자의 개수가 원자의 종류별로 차이가 난다. 원자 번호는 바로 양성자의 개수에 따라 번호를 붙인 것이다. 즉, 양성자가 1개인 수소는 1번이 되고, 2개인 헬륨은 2번, 이런 식으로 원자별로 번호를 붙인 것이다.

한편 원자에는 몸무게도 있다. 원자의 몸무게란 원소를 이루는 원자 1개의 질량을 뜻한다. 그래서 원자량이라고 부른다. 원자를 구성하는 입자 중에 전자의 질량은 양성자나 중성자에 비해 매우 작다. 그러므로 원자의 질량은 원자핵을 구성하는 양성자와 중성자의 질량에 의해 결

정된다고 할 수 있다. 즉, 양성자의 총 질량과 중성자의 총 질량을 합한 것이 그 원자의 질량이다.

빤들빤들 금속 원소, 펄펄 나는 비금속 원소

원소들은 각각의 성질에 따라 크게 금속 원소와 비금속 원소로 나눌 수 있다. 주기율표에서 금속 원소는 주로 왼쪽에, 비금속 원소는 오른쪽에 배치된다.

금속 원소는 말 그대로 금속의 특징을 가지고 있는 원소이다. 우선 빤들빤들한 표면에서 광택이 난다. 그리고 모두 단단한 고체이다. 단, 수은만 빼고! 수은은 분명히 금속 원소인데도 고체가 아니라 액체 상태로 존재한다. 따라서 수은은 단단한 금속보다 온도 변화에 따라 부피가 쉽게 변하는 성질을 갖고 있고, 이러한 성질을 이용하여 온도계를 만드는 데 유용하게 쓰인다.

무엇보다도 금속 원소의 가장 큰 특징은 전기가 통한다는 것이다. 이러한 성질로 인해 금속 물질들은 우리 생활 곳곳에서 사용된다. TV, 세탁기, 냉장고 등등, 아마 금속 원소가 없었다면 우리 생활에서 전기를 사용한다는 것은 상상도 못 했을 것이다.

반면에 비금속 원소는 금속 원소와는 달리 대부분 광택이 없고 전기도 통하지 않는다. 또한 액체나 기체인 경우가 대부분이다. 따라서 비금속 원소는 금속 원소에 비해 매우 활동적이다. 비금속 원소로 이루어진 기체들은 하늘을 펄펄 날아다니며 액체들도 이리저리 출렁거린다.

한편 비금속 원소 중에는 금속처럼 딱딱한 물질을 구성하는 것도 있는데, 흑연과 다이아몬드를 구성하는 탄소 등이 그 예이다.

금속도 비금속도 아닌 준금속 원소

그 머리 좋은 과학자들도 이게 금속인지 비금속인지 헷갈리는 것들이 있다. 바로 붕소, 규소, 게르마늄 등이다.

이 원소들은 딱히 금속의 성질만을 나타내지도 않고, 비금속의 성질만을 나타내지도 않는다. 그래서 이 원소들은 금속 원소와 비금속 원소의 중간에 속한다고 하여 준금속 원소라고 한다. 이러한 준금속은 주로 주기율표의 중간 정도에 배치된다.

그런데 놀랍게도 이 준금속 원소가 바로 최첨단 반도체 산업에서 중요한 역할을 한다. 반도체의 '반(半, semi)'은 '중간'을 의미한다. 따라서 반도체는 중간 정도의 성질을 가진다는 뜻으로 쓰이는 말이다. 반도체에 주로 쓰이는 재료는 준금속인 실리콘(규소)이다. 이는 모래의 주성분으로 우리 주변에서 흔히 구할 수 있는 원소이다.

우리는 앞에서 금속 원소는

첨단 전자 산업에 주요하게 활용되는 반도체

전기가 잘 통하고 비금속 원소는 전기가 통하지 않는다는 걸 알았다. 그럼 반도체(준금속 원소)는 어떨까?

반도체는 평소에는 전기가 통하지 않다가 빛을 비추거나 온도를 높여 주거나 특정 불순물을 넣으면 전기가 통한다. 이런 특이한 성질로 인하여 반도체는 컴퓨터를 비롯한 첨단 전자 산업 부문에 널리 이용되고 있다.

금속 원소들의 화려한 축제, 불꽃 반응

하늘 높이 솟아올라간 폭죽이 '팡-' 하고 터지면 까만 밤하늘은 순식간에 빨강, 노랑, 파랑, 초록 등 오색의 바다로 변신한다. 이처럼 밤하늘을 수놓는 불꽃놀이에는 놀랍게도 금속 원소의 비밀이 숨겨져 있다.

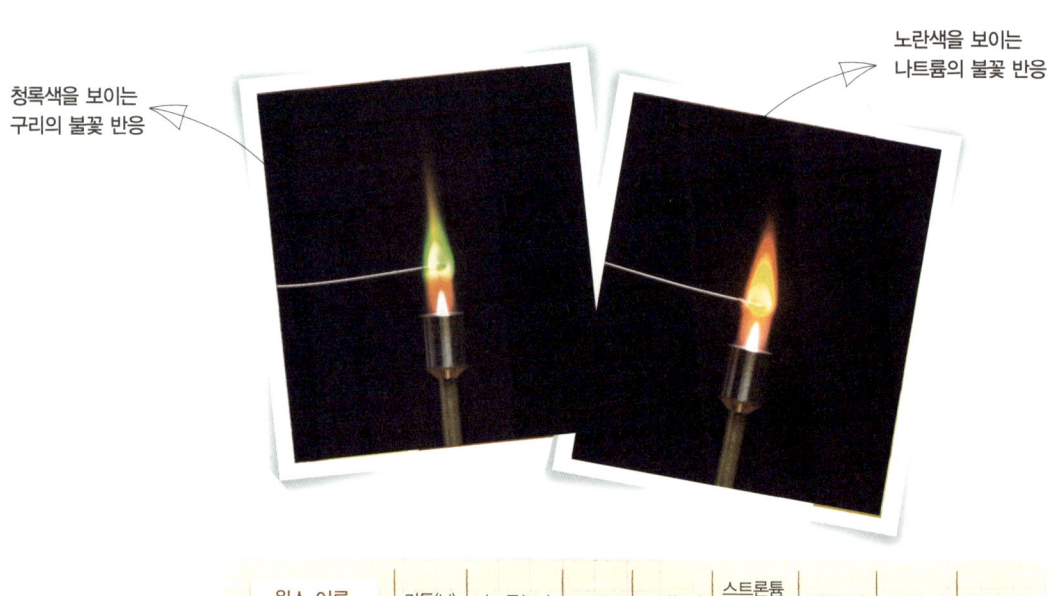

청록색을 보이는 구리의 불꽃 반응

노란색을 보이는 나트륨의 불꽃 반응

원소 이름	리튬(Li)	나트륨(Na)	칼륨(K)	구리(Cu)	스트론튬(Sr)	바륨(Ba)	칼슘(Ca)	세슘(Cs)
불꽃 색	붉은색	노란색	보라색	청록색	짙은 빨간색	황록색	주황색	청색

금속 원소들 중에는 탈 때 각각의 독특한 색깔을 나타내는 것들이 있다. 가령 나트륨을 불로 태우면 노란색 불꽃이 나오고, 구리는 청록색 불꽃을 낸다. 폭죽은 이러한 금속 원소들의 특징을 살려 다양한 색깔의 불꽃을 만들어 낸다. 앞의 표는 주요 금속 원소들의 불꽃 반응 색을 정리한 것이다.

이러한 금속 원소들의 특유한 불꽃 색은 미지의 시료에서 원소를 검출하는 데에도 이용된다. 즉, 미지의 물질을 불꽃에 갖다 대었을 때 그 불꽃 색이 노란색을 띠었다면 그 미지의 물질에는 반드시 나트륨 원소가 포함되어 있다. 또한 보라색 불꽃 색을 나타냈다면 그 물질에는 반드시 칼륨 원소가 포함되어 있다. 이처럼 불꽃 색을 통하여 미지의 물질에 포함되어 있는 원소를 알아 내는 방법을 불꽃 반응이라고 한다.

그런데 이러한 불꽃 반응은 불꽃 색을 나타내는 몇 가지 원소에만 적용되므로 미지의 원소를 검출하는 데 한계가 있다. 이러한 한계를 극복하기 위해 도입된 방법이 바로 스펙트럼 분석이다.

스펙트럼 분석이란 어떤 물질의 불꽃이 내뿜는 빛을 분광기를 통해 나누고 그 나누어진 빛들이 이루는 스펙트럼의 모양을 분석해서 물질에 포함되어 있는 원소를 알아내는 방법이다. 이러한 스펙트럼은 각 원소별로 각기 다른 고유의 모양을 갖고 있기 때문에 불꽃 반응보다 훨씬 정밀하게 원소들을 구별해 낼 수 있다.

분광기

빛을 파장의 차이에 따라 분해하여 그 분포 정도를 검사하는 장치.

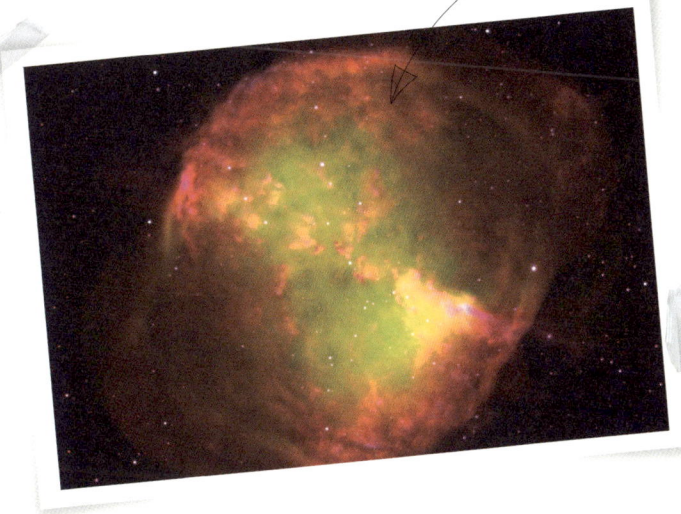

별의 구성 성분, 온도 등을 알 수 있는 별의 스펙트럼 분석

원자는 뭐고, 원소는 뭐야

이제 물질은 원자로 이루어졌다는 사실 정도는 누구나 이해했을 것이다. 그런데 어떨 땐 원자라고 하고 어떨 때는 원소라는 말을 쓴다. 도대체 원소와 원자의 차이는 무엇일까?

분명 둘 다 물질을 이루는 가장 작은 것임에는 틀림없다. 그러나 이 둘은 분명 차이가 있다. 다음 문장을 읽어 보자.

'①완두콩을 너무 좋아하는 우리의 김완두 군! 어느 정도냐고? 오늘 앉은 자리에서 삶은 ②완두콩을 100알이나 먹었다.'

이 문장에서 완두콩이라는 말이 두 번 쓰였는데, 그 둘 사이에는 차이가 있다. ①은 콩의 한 종류로서의 완두콩(콩에는 강낭콩, 완두콩, 검은콩 등 여러 종류가 있다)을 말하는 것이고, ②는 실제의 완두콩을 말하는 것이다.

원소와 원자의 차이도 이와 비슷하게 이해할 수 있다. 원소는 같은 성질을 가진 원자들을 통틀어 한 종류로서 부르는 것이고, 원자는 물질을 구성하고 있는 실체로서의 입자를 말하는 것이다. 그러니까 앞에서 말한 ①의 완두콩은 원소에, ②의 완두콩은 원자에 해당하는 의미로 쓰였다고 할 수 있다.

원소 더하기 원소는 화합물

지금까지 우리는 원소에 대한 이야기를 했다. 원소란 원자와 함께 물질의 기본 성분이라는 뜻으로도 쓰이지만, 한 종류의 원자로 이루어진 물질이란 뜻도 가지고 있다. 즉, 수소 기체나 산소 기체는 수소나 산소 원소 한 가지로만 이루어진 물질이기 때문에 원소 또는 홑원소 물질이라고 불린다.

우리 주변에는 이러한 원소가 많이 존재한다. 금(Au), 은(Ag), 구리(Cu), 철(Fe), 다이아몬드(C), 흑연(C) 등등. 이들은 공통적으로 모두 한 종류의 원자들이 배열하여 이루어진 물질들이다.

그러나 우리 주위에 있는 물질들 중에는 이러한 홑원소 물질보다 원소와 원소가 결합하여 이루어진 화합물이 훨씬 많다. 우리가 마시는 물이나 각종 생활용품, 화장품 등등. 이러한 것들은 최소 한 가지 이상의 원소가 포함되어 있는 물질들이다.

예를 들어 물(H_2O)은 수소 원소와 산소 원소가 결합하여 이루어진 물질이다. 이처럼 순수한 원소가 아닌 원소와 원소 간의 결합으로 이루어진 물질을 화합물이라고 한다.

원소는 라부아지에가 말했듯이 더 이상 다른 물질로 분해할 수 없는 물질이다. 즉, 어떤 화학적인 방법을 써도 더 이상 다른 물질로 분해되지 않는다. 그러나 화합물은 사정이 좀 다르다. 화합물은 적당한 조건(열이나 전기, 압력 등)을 주면 더 작은 단위인 원소로 분해된다. 예를 들어 물(H_2O)을 분해 장치에 넣고 전기 스파크를 가해 주면 더 작은 단위인 수소 기체(H_2)와 산소 기체(O_2)로 분해된다. 이처럼 우리 주변의 물질은 크게 원소와 화합물로 나눌 수 있다.

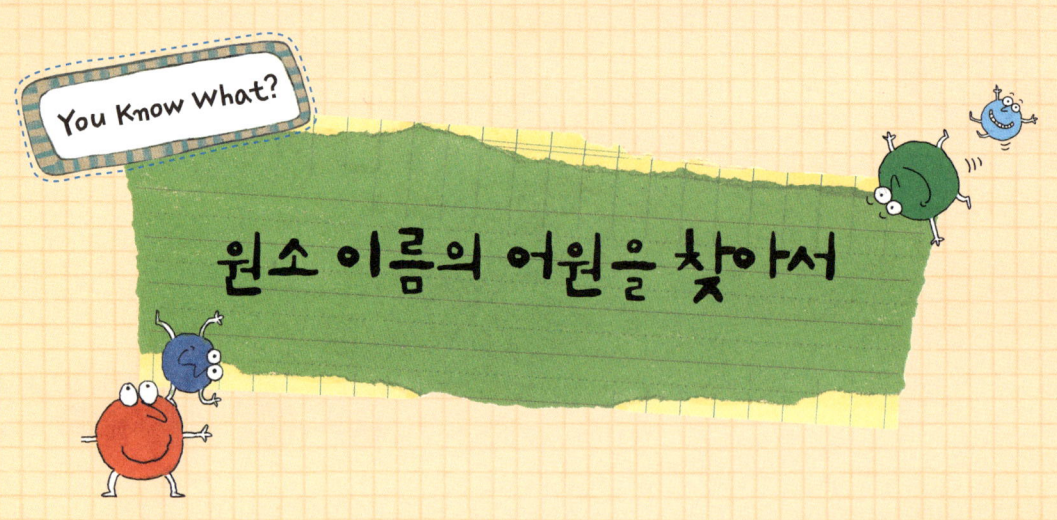

You Know What?
원소 이름의 어원을 찾아서

원소 이름에는 각 원소의 역사, 용도, 유래, 성질 등이 반영되어 있기 때문에 어원을 살펴보면 원소에 관한 의미있는 정보를 얻을 수 있다.

수소는 '물을 낳는다'는 의미, 산소는 '신맛을 낳는다'는 의미의 그리스 어로부터 유래된 것이라고 한다.

질소는 발견 당시 '불도 붙지 않고 동물도 살 수 없는 질식 공기'로 묘사되었다. 공기의 80%를 차지하는 이 기체는 그 후 '독 공기', '나쁜 공기', '더럽혀진 공기'로 불리다가 라부아지에가 '아조르'라고 이름 붙였다. 이 이름은 그리스 어에서 '반대'를 의미하는 '아'와 생명을 의미하는 '조르'라는 두 단어를 조합한 것으로 '생명이 없는 원소'라는 뜻이다. 그 후 라틴어로 '초석(질산칼륨)을 낳는다'라는 의미인 '니트로게늄'으로 불리게 되었다.

탄소는 '석탄'을 의미하는 라틴어 '카르보'에서 나왔으며, 플루오르는 '흐른다'는 뜻의 라틴어 '플루올'에서 유래했다.

크롬은 화합물의 색이 오렌지, 빨강, 초록

거참, 이번엔 또 뭐라고 짓는담.

이름 예쁘게 지어 주세요.

등 다채롭기 때문에 그리스 어로 색을 의미하는 '크로마'에서 붙여진 이름이다.

로듐은 백금 광석을 왕수(염산과 질산을 섞은 강한 산화제)로 녹여 거기에 염산을 가하면 생기는 장미색 침전물에서 발견되었기 때문에 그리스 어로 장미색을 뜻하는 '로데스'로부터 비롯되었다.

19세기 중엽, 독일의 화학자 분젠은 친구이자 물리학자인 키르히호프와 스펙트럼을 연구하던 중 새로운 원소 2종을 발견하게 된다. 그 중 푸른색 선을 내는 원소에는 라틴어의 '파랗다'라는 어원에서 파생된 '세슘'이라는 이름을 붙였고, 붉은색 선을 내는 원소에는 그 색이 루비와 비슷하다 하여 '루비듐'이라는 이름을 붙였다.

한편 원소를 나타내기 위해 처음에는 그림 기호를 썼다. 하지만 원소의 종류가 많아짐에 따라 그림으로 나타내기가 복잡하고 번거로워져 현재 사용하는 것과 같은 알파벳을 이용한 원소 기호가 만들어지게 됐다.

오늘날 우리가 사용하는 원소 기호는 원소의 이름을 영어나 라틴어로 나타낸 알파벳의 첫 글자 또는 첫 글자와 중간 글자 중의 적당한 글자를 함께 따서 나타낸 것이다. 여기서 첫 글자는 대문자로 쓰고 두 번째 글자는 소문자로 쓴다.

연금술사들이 사용한 원소 기호

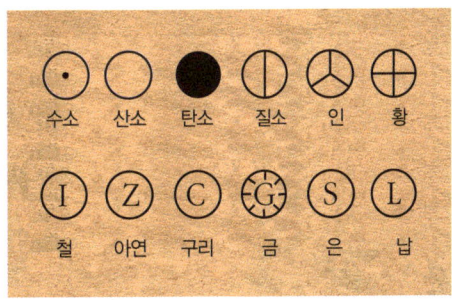

돌턴이 사용한 원소 기호

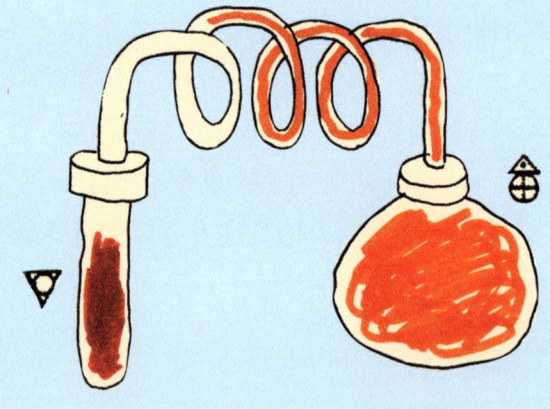

분자의 정의 04

Amedeo Avogadro

중학교 3 과학
3. 물질의 구성 / 분자

고등학교 화학 II
2. 물질의 구조 / 화학 결합

관련교과

기체 반응의 법칙

화학 반응에서 반응 물질과 생성 물질이 기체일 때 일정한 온도와 압력 조건에서 이들 기체의 부피 사이에는 간단한 정수비가 성립하게 되는데, 이를 기체 반응의 법칙이라고 한다.

난관에 부딪힌 원자

물질을 구성하는 가장 작은 입자는 원자라고 처음 말한 사람은 데모크리토스였다. 그리고 원자에 대해 최초로 과학적인 가설을 세운 사람은 돌턴이다.

화학 반응 동안 원자들이 없어지거나 생기거나 다른 원자로 바뀌지 않는다면 질량은 당연히 보존될 것이다. 또 서로 다른 원자가 정수비로 결합하여 화합물을 만들게 되면 성분 사이의 질량비는 당연히 일정하게 될 것이다.

이처럼 돌턴의 원자설은 질량 보존의 법칙이나 일정 성분비의 법칙을 순조롭게 잘 설명해 낸다. 하지만 원자 개념만으로 물질 세계를 전부 설명하고자 한 노력은 곧 난관에 부딪히게 된다.

1805년 프랑스의 J.L.게이뤼삭은 기체끼리의 반응을 연구하다가 새로운 법칙을 발견하게 된다. 즉, 수소 기체와 산소 기체가 반응하여 물이 생길 때, 반응하는 수소와 산소, 그리고 생성되는 수증기의 부피 사이에는 2 : 1 : 2의 부피의 비가 성립한다는 사실을 발견한 것이다.

예를 들어 수소 100mL와 산소 80mL의 혼합 기체에 전기 불꽃을 일으켜 물을 합성하면, 수소 기체와 산소 기체는 반드시 2 : 1의 부피로만 반응하기 때문에 산소 30mL는 반응하지 못하고 남게 되고, 이때 생성되는 수증기 부피는 100mL라는 것이다. 이것은 비단 수증기에만 적용되는 것이 아니고 모든 기체끼리의 반응에 적용되었기 때문에 매우 놀라운 사실이었다. 게이뤼삭은 이를 통해 '기체 반응의 법칙'이라는 새로운 법칙을 발견해 냈다.

그런데 게이뤼삭의 발견은 문제가 있었다. 발견 당시만 해도 돌턴의 원자 개념밖에 없었기 때문에 모든 화학 반응은 원자가 반응하는 것으로 생각했다. 그러나 원자 개념만으로는 기체 반응의 법칙을 설명하는 데에 무리가 있었다.

돌턴의 원자설의 위기

원자 개념에 무슨 문제가 있었는지 알아보기 위해 다음 그림을 잘 살펴보자.

▶ 공 모양의 원자로 나타낸 원자 모형

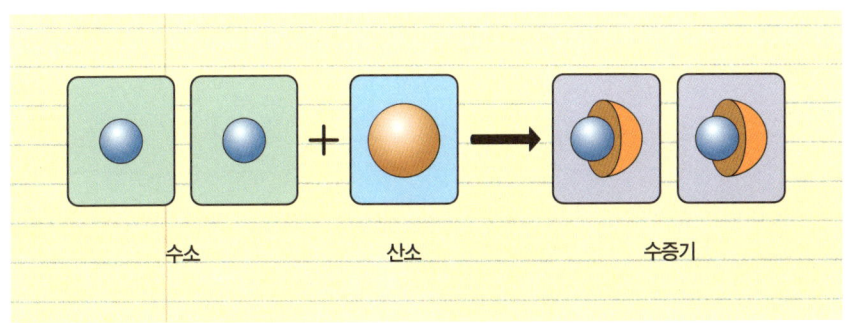

위의 그림은 수소와 산소가 반응하여 수증기가 만들어질 때의 부피 사이의 관계를 원자 모형으로 나타낸 것이다. 위 모형에서 원자 개념만으로 기체의 부피비를 설명하면, 수소 원자 2개와 산소 원자 1개가 반응하여 생성된 수증기 1부피에 수소 원자 1개와 산소 원자 $\frac{1}{2}$개가 들어 있게 된다. 그런데 이것은 돌턴의 원자설에 위배된다. 돌턴의 원자설에서는 원자가 더 이상 쪼개질 수 없다고 했기 때문이다.

그럼 돌턴의 원자설이 엉터리였단 말인가? 이런 문제점 때문에 돌턴의 원자설은 최대의 위기에 봉착하게 되었다.

과학자 노트

아보가드로

(Amedeo Avogadro, 1776~1856) 이탈리아의 물리학자로 분자의 개념을 처음 사용하여 기체의 반응을 설명했다. 아보가드로는 게이뤼삭이 주장한 '기체 반응의 법칙'을 설명하기 위해, '기체는 같은 온도, 같은 압력에서는 종류에 상관없이 같은 부피 속에 같은 수의 분자가 들어 있다'는 가설을 내놓았다.

아보가드로, 위기의 돌턴을 구하다

위기에 빠진 돌턴을 구하기 위해 나타난 기사는 이탈리아의 아보가드로라는 과학자였다.

아보가드로는 어떤 물질을 이루고 있는 기본 단위는 원자가 아니라 원자들이 결합하여 만들어진 분자라고 생각했다. 그의 말대로 분자 개념을 도입하면 기체 반응의 법칙이 잘 설명된다. 다음 그림을 보자.

수소 기체 + 산소 기체 → 수증기

위의 모형을 보면 수소 기체는 수소 원자 2개가 결합하여 만들어진 수소 분자들로 이루어져 있고, 산소 기체는 산소 원자 2개가 결합하여 만들어진 산소 분자들로 이루어져 있다는 것을 알 수 있다.

이렇게 가정하면 기체끼리의 반응에서 발견된 이 새로운 법칙도 모순 없이 해결할 수 있다. 즉, 돌턴이 제안했던 원자에 문제가 있었던 것이 아니라 이 원자끼리 결합한 분자의 존재를 몰랐던 것이 문제였던 것이다.

또한, 아보가드로는 그의 분자설에서 '모든 기체는 같은 온도와 같은 압력 하에서 같은 부피 속에 같은 수의 분자를 포함한다'라는 가설을 제안했다.

그 후 이 가설은 실험적으로 증명되어 현재는 '아보가드로의 법칙'이라고 불린다. 즉, 같은 온도와 압력에서 수소 분자가 10개 있을 때 그것이 차지하는 부피가 10이라면 이산화탄소 분자가 10개 있어도 그 부피는 10이 된다는 것이다. 결국 기체의 부피는 기체 분자의 개수가 결정하는 것이지 기체의 종류와는 관계없다는 것이 아보가드로의 법칙의 핵심이다.

분자의 종류

- 단원자 분자 : 원자 1개가 분자로서 역할하는 경우. 예 – 헬륨 분자(He), 네온 분자(Ne)
- 2원자 분자 : 원자 2개로 이루어지는 분자. 예 – 산소 분자(O_2), 수소 분자(H_2), 염화수소 분자(HCl)
- 3원자 분자 : 원자 3개로 이루어지는 분자. 예 – 물 분자(H_2O)
- 고분자 : 매우 많은 원자들이 결합하여 이루어진 분자

분자의 정체

산소는 우리 생활에 꼭 필요한 물질이다. 만약 산소가 없으면 우리도 살 수 없다. 이 산소 기체는 산소 분자로, 산소 분자는 산소 원자로 이루어져 있다.

그런데 산소 원자 상태로도 산소 고유의 성질을 나타낼 수 있을까? 절대 그럴 수 없다. 산소는 분자 상태에서만 산소 고유의 성질을 가지게 된다. 분자는 다시 원자들로 쪼개질 수는 있으나 그렇게 되면 그 물질 고유의 성질은 잃게 된다. 즉, 물질의 성질을 가진 가장 작은 입자는 원자가 아니라 분자인 셈이다. 그래서 화학에서는 분자가 중요하다.

1981년 노벨 화학상을 수상한 로알드 호프만은 다음과 같은 유명한 말을 했다.

"원자는 근사하고 근본적이기는 하지만, 원자는 화학이 아니다. 화학은 원자들이 잠시 동안 일정한 규칙을 가지고 결합했다가 다시 갈라서는 분자에 관한 것이다."

화학에서 분자의 중요성을 강조한 참으로 멋진 말이 아닐 수 없다.

그럼 분자는 어떻게 생겼을까? 분자의 실제 크기는 엄청나게 작다. 그래서 육안으로는 물론 광학 현미경으로도 보기가 쉽지 않다. 그래서 이 분자의 모양을 예측하여 다음 그림과 같이 모형으로 나타낸다.

▶ 공 모양의 원자로 나타낸 분자 모형

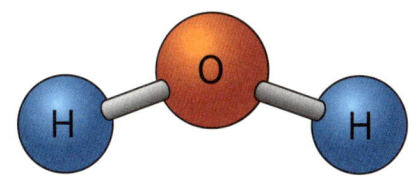 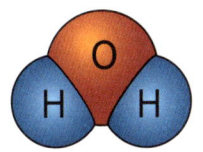

분자식

분자를 구성하는 원자의 종류와 수를 나타낸 화학식. 예를 들어, 탄소 원자 1개와 수소 원자 4개로 구성된 메탄의 분자식은 CH_4이다.

또한 원자를 원소 기호로 나타내는 것처럼 분자도 분자식으로 나타낸다. 예를 들어 수소 원자(H) 2개와 산소 원자(O) 1개로 이루어진 물 분자의 분자식은 H_2O이고, 질소 원자(N) 1개와 수소 원자(H) 3개로 이루어진 암모니아 분자의 분자식은 NH_3으로 나타낸다.

분자식을 구성하는 요소별 의미는 다음과 같다.

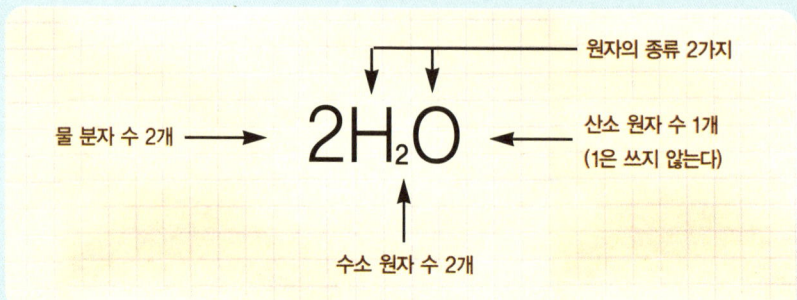

분자의 크기는 나노

분자의 실제 크기는 매우 작아서 육안으로는 물론 광학 현미경으로도 볼 수 없다. 그러나 분자가 아무리 작다고 하더라도 크기를 가진다. 실제로 단백질, 녹말, 나일론 등과 같은 비교적 큰 분자(고분자 화합물)들은 고배율의 투과 전자 현미경으로 볼 수 있다고 한다.

대부분의 분자는 직접 관찰할 수가 없으므로 간접적인 방법으로 그 크기를 측정하게 된다. 분자의 크기와 부피를 간접적으로 측정하는 가장 쉽고 단순한 예가 바로 올레산 분자의 크기 측정에 관한 실험이다.

올레산을 에탄올에 녹인 용액 한 방울을 송홧가루를 뿌린 물에 떨어뜨리면 얇은 막을 형성하면서 퍼진다. 이 때 올레산이 한 겹으로 퍼져 있고, 그 모양을 대략 정육면체로 취급할 수 있다고 가정하면, 다음과 같은 계산으로부터 올레산 한 분자의 한 변의 길이와 질량을 구할 수 있다.

올레산 막의 부피 =
올레산을 에탄올에 녹인 용액 한 방울의 부피 $\left(=\dfrac{1\text{mL}}{\text{올레산을 에탄올에 녹인 용액 1mL를 구성하는 전체 방울 수}}\right)$
$\times$ 농도 $\left(=\dfrac{\text{올레산의 질량}}{\text{에탄올의 질량 + 올레산의 질량}}\right)$

올레산 막의 두께 = 올레산 분자의 한 변의 길이
               = 올레산 막의 부피 ÷ 막의 넓이

올레산 한 분자의 부피 = (올레산 분자의 한 변의 길이)^3
올레산 한 분자의 질량 = 올레산 한 분자의 부피 × 밀도 $\left(=\dfrac{\text{올레산의 질량}}{\text{올레산의 부피}}\right)$

여러 연구 결과 가장 작은 분자인 수소 분자의 경우 크기가 약 1.0×10^{-10}m이고 고분자 화합물의 크기는 1.0×10^{-8}m 정도라고 하니, 분자의 종류에 따라 차이는 있지만 분자는 대략 나노(10^{-9})m라고 볼 수 있다.

분자 모형

우리 눈에 보이지 않는 분자들의 모양은 상상하는 데 어려움이 있으므로 모형으로 나타낼 필요가 있는데, 이를 분자 모형이라고 한다.

분자 모형은 분자를 구성하는 원자들의 상대적인 위치와 그들 간의 화학 결합을 나타낸 기하학적 모형이다. 분자 모형에서 일반적으로 원자들은 동그라미로 표시하고, 원자와 원자의 결합은 원과 원을 붙이거나 연결선으로 표시한다. 입체적으로 더 잘 이해하기 위해 스티로폼 공과 이쑤시개를 사용하여 분자 모형을 직접 만들기도 한다.

최근에는 분자 모델링 및 시뮬레이션 기술이 발달함에 따라 분자의 모양을 다양한 방법으로 형상화하고 분자 내의 전자 분포를 함께 나타내는 방법 등도 개발되고 있다.

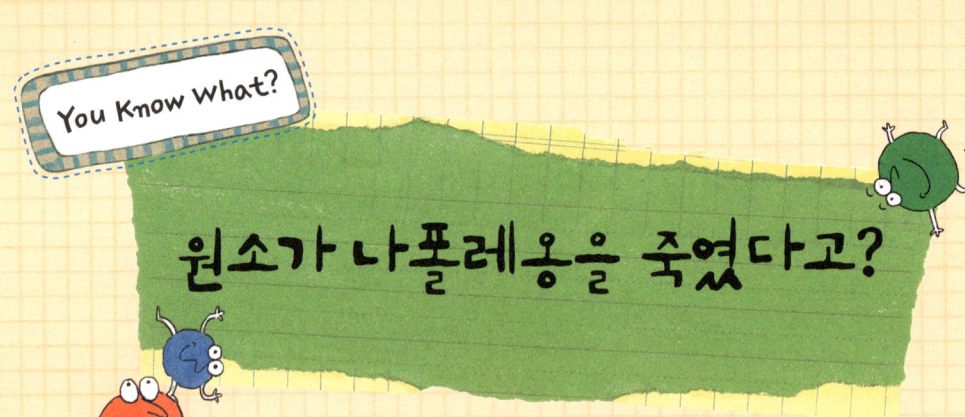

원소가 나폴레옹을 죽였다고?

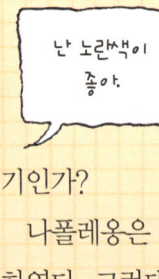

난 노란색이 좋아.

"내 사전에 불가능은 없다"라는 말로 유명한 나폴레옹. 정복자의 대명사로 통하던 그가 그 작디작은 원소에 당했다니 이게 무슨 황당한 이야기인가?

나폴레옹은 1821년 유배지였던 세인트헬레나 섬에서 생을 마감하였다. 그런데 나폴레옹은 죽기 직전 자기 시신을 해부하라는 유언을 남겼다.

사망한 다음 날, 7명의 의사가 그의 유언대로 시신을 해부했다. 부검을 마친 의사들은 약간의 의견 차이가 있었지만 나폴레옹이 위암 계통의 병으로 죽었다고 결론을 내렸다. 이것으로 나폴레옹의 이야기는 역사 속에 묻히는 듯했다.

그로부터 100년도 훨씬 더 지난 1955년 어느 날, 스웨덴의 치과 의사 퍼슈훗은 나폴레옹의 시중을 들었던 마르샹의 수기를 읽다가 이상한 점을 발견하고는 의문에 휩싸이기 시작했다.

"쏟아지는 졸음과 불면증의 반복, 다리가 부어오르는 증세, 한 움큼씩이나 빠지는 머리카락……."

나폴레옹이 죽기 직전에 보인 증상이다. 그런데 이것은 퍼슈홋이 알고 있기로는 모두 만성 비소 중독 증상이었다.

호기심에 빠져든 퍼슈홋은 나폴레옹에 관한 모든 기록을 검토하기 시작했다. 그 결과 나폴레옹의 증상에서 비소 중독에 따른 징후들을 20가지 이상이나 발견할 수 있었다.

운이 좋게도 퍼슈홋은 나폴레옹이 유품으로 남긴 머리카락을 손에 넣게 되었다. 머리카락은 몸 안에 축적된 비소의 양을 밝히는 데 아주 좋은 재료이다. 머리카락을 분석한 결과 예상대로 많은 양의 비소가 함유되어 있다는 사실이 밝혀졌다. 그리고 퍼슈홋은 머리카락의 방사선 분석에 따른 비소 함유량 변화 추이와 나폴레옹의 병상 일지에 따른 증세의 변화를 비교하였다. 그 결과 나폴레옹이 비소에 중독된 것은 오래전부터가 아니라 세인트헬레나 섬에 유배된 1815년부터였다는 사실을 알게 되었다. 그렇다면 나폴레옹은 누군가의 음모에 의해 독살당했다는 말인가?

이 사건은 오래도록 의문 속에 남겨졌는데, 1980년대 초, 영국의 한 화학자는 나폴레옹이 비소에 중독된 것은 누군가의 음모가 아니라 공기 중의 비소를 흡입한 데서 비롯되었다고 주장했다.

문제가 된 것은 나폴레옹이 거주했던 세인트헬레나 섬에 있는 집의 벽지였다. 노란 색깔의 벽지는 섬의 눅눅한 습기와 화학 반응을 일으켜 맹독성의 비소를 끊임없이 내뿜었다. 나폴레옹은 공기에 섞여 있던 비소를 자신도 모른 채 오랜 시간에 걸쳐 들이마시게 되었고 결국 비소에 중독되어 죽고 말았다는 것이다.

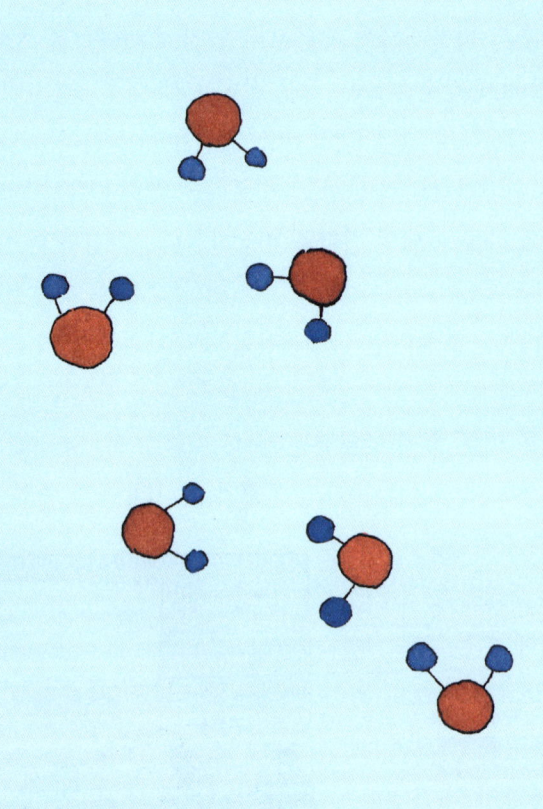

분자의 구조 05

중학교 3 과학
3. 물질의 구성 / 분자

고등학교 화학 II
2. 물질의 구조 / 화학 결합

분자가 없는 물질들

분자가 없는 물질들이 있다! 이게 무슨 소리인가? 분명 물질은 분자로 이루어져 있다고 했는데, 이제 와서 분자가 없다니!

그러나 분명히 우리 주위엔 분자가 없는 물질들이 있다. 금, 다이아몬드, 철, 소금 등이 그 주인공들이다.

우리는 이 물질들을 이해하기 위해 분자가 어떻게 결합하고 배열하여 물질을 이루는지 알아야 한다. 즉, 단순한 평면 구조가 아닌 입체적인 공간 구조까지 알아야 한다는 것이다.

생각해 보라. 원자가 결합하여 분자를 만들고 분자가 입체적으로 결합하여서 내 몸이 이루어진다. 그런데 분자가 없는 물질은 과연 어떤 입체적 구조를 하고 있을까?

물 분자 배열
물 분자는 산소 원자 1개와 수소 원자 2개로 구성되며, 각각의 분자들은 산소와 수소 간의 인력에 의해 밀고 당기면서 입체적인 결합을 이룬다.

분자가 이루는 3차원 세계

분자는 원자가 서로 결합하여 이루어진다. 산소 원자 2개가 결합하면 산소 분자가 만들어지고, 산소 원자 1개와 수소 원자 2개가 결합하면 물 분자가 만들어지는 것과 같은 방식으로 말이다.

그럼 물질은 어떻게 이루어질까? 물질은 분자들이 3차원의 공간에서 입체적으로 결합함으로써 만들어진다. 다음은 여러 가지 분자들의 모형이다.

▶ 여러 가지 분자들의 모형

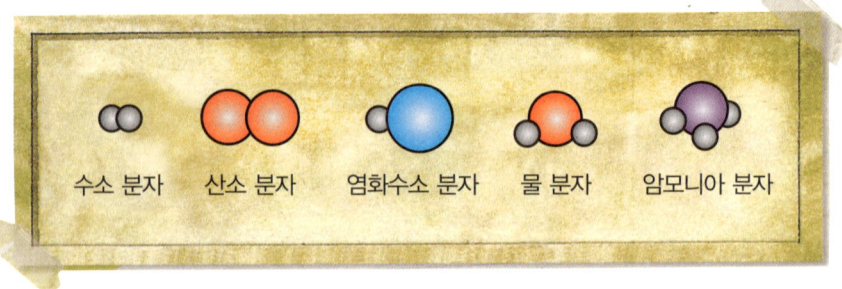

이 모형 중 물 분자의 경우 어떻게 입체적으로 서로 결합하여 물이 만들어지는지 알아보자.

옆 그림을 보라. 우리 눈에 맑고 투명하게 보이는 물이 사실은 이러한 입체 구조를 하고 있다. 그림에서 주목해야 할 것은 기본 단위는 언제나 물 분자라는 것이다. 물 분자들은 서로 밀고 당기고 하면서 분자 단위로 결합하여 물이라는 물질을 만들어 낸다.

우리 주위의 많은 물질들은 이와 같은 분자들의 3차원 공간 결합으로 만들어진다. 이러한 공간 배열은 분자의 종류에 따라서 약간씩 다르고, 또 상태에 따라서도 다르다. 즉, 위의 물 분자의 배열 모양은 얼음으로 되었을 때는 또 다른 배열 모양으로 바뀐다.

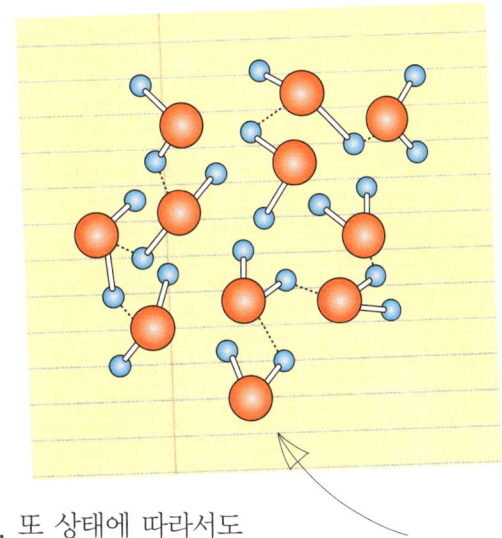

물 분자들의 배열 모양

분자를 찾아 봐

다음 물질들의 입체 구조를 보라. 우리가 주변에서 쉽게 접하는 소금, 다이아몬드, 철의 입체 구조이다.

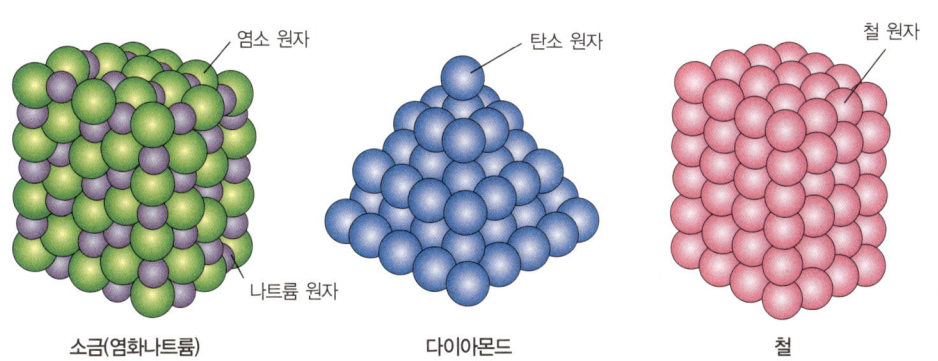

우리가 알고 있듯이 이들은 모두 딱딱한 물질들이다. 그런데 이들의 공간 배열을 보기만 해도 이들이 딱딱한 이유를 알 수 있을 것 같다.

이제 질문을 하나 해 보자. 이들 속에서 분자의 단위를 찾아보라. 어떤 것은 원자밖에 안 보이고, 소금의 경우도 '정확히 이거다' 라고 말하기가 어렵다. 그도 그럴 것이, 이들은 분자 단위를 정확히 잡아내기 어려운 물질들이다.

이들에게서 분자를 찾기 힘든 데에는 다 이유가 있다. 이들이 보통 분자들이 결합하는 방식과 다르게 결합하고 있기 때문이다. 이들은 원자들끼리 끊임없이 결합해 이루어진 공간 배열 모양을 가지고 있다. 따라서 이들에게는 실제로 분자가 없다.

원자가 (−)전기를 띤 전자를 잃거나 얻어서 전기를 띠게 된 입자를 이온이라고 한다. (+)전기를 띠는 입자를 양이온, (−)전기를 띠는 입자를 음이온이라고 한다.

물질을 이루는 3가지 방식

원자가 서로 결합하여 분자가 만들어진다는 사실은 이미 알고 있다. 그럼 분자가 서로 결합하여 모든 물질이 만들어지는 걸까? 이미 눈치를 챘겠지만, 세상의 모든 물질이 분자가 결합하여 만들어지는 것은 아니다. 물질은 다음의 3가지 방식으로 만들어진다.

첫째, 원자가 많이 모여서 이루어진 물질 (예: 철, 다이아몬드)

둘째, 원자가 결합하여 분자라는 입자를 만들고, 그 분자가 모여서 만들어진 물질 (예: 물)

셋째, 전하를 띤 원자(이온이라고 불림)들이 모여서 만들어진 물질 (예: 소금)

이 3가지 방식 중에서 둘째 경우만 분자가 존재하고, 나머지 경우에는 분자가 존재하지 않는다는 것을 알 수 있다. 동시에 세 가지 모두 기본적으로 원자가 관계한다는 것도 알 수 있다. 다만 서로 간에 결합하는 방법이 다를 뿐이다.

다시 정리하면, 첫 번째의 경우 원자끼리만 계속 결합해서 물질을 이루므로 원자 결합이라고 한다. 두 번째의 경우 분자끼리만 결합하여 물질을 이루므로 분자 결합이라고 한다. 마지막 세 번째의 경우 전기를 띤 입자끼리(+이온과 −이온) 서로 끌어당기고 결합하여 물질을 이루므로 이온 결합이라고 한다.

원자 결합

분자 결합

이온 결합

분자가 없는 물질들의 공간 세계

우리는 앞에서 분자가 이루는 물질의 공간 배열을 잠깐 맛보았다. 분자로 이루어진 물질(예를 들면 물)은 분자들끼리의 결합으로 공간 배열을 이루고 있다.

그러나 분자로 이루어지지 않은 물질의 공간 세계는 이와는 좀 다르다. 앞의 그림에서 본 철이나 다이아몬드의 결합 구조를 떠올려 보고,

탄소

원소 기호는 C이며, 석탄과 석유의 주요 성분이다. 탄소로 이루어져 있으나, 결합 방법이 다른 동소체 물질로 비결정성 탄소, 흑연, 다이아몬드의 세 가지가 있다.

물 분자의 공간 배열과 비교해 보면 이 차이를 느낄 수 있을 것이다.

우선, 물질을 이루는 세 가지 방식 중 원자가 많이 모여서 이루어진 물질의 경우를 보도록 하자.

다이아몬드는 탄소 원자끼리만 정사면체 모양으로 끝없이 결합되어 있는 구조이다. 이때 원자끼리의 결합은 물 분자와 같은 분자끼리의 결합보다 훨씬 강하다.

따라서 거의 빈틈이 없이 촘촘하게 결합된 공간 배열의 모습을 하고 있다. 이런 구조 때문에 다이아몬드는 이 세상에 존재하는 물질 중에 가장 단단한 물질이다.

그런데 같은 탄소 원자끼리 결합하는 흑연은 가장 부서지기 쉬운 물질 중의 하나이다. 그것은 같은 원자끼리 배열하더라도 배열 구조에 차이가 있기 때문에 나타나는 현상이다. 다음 그림을 보도록 하자.

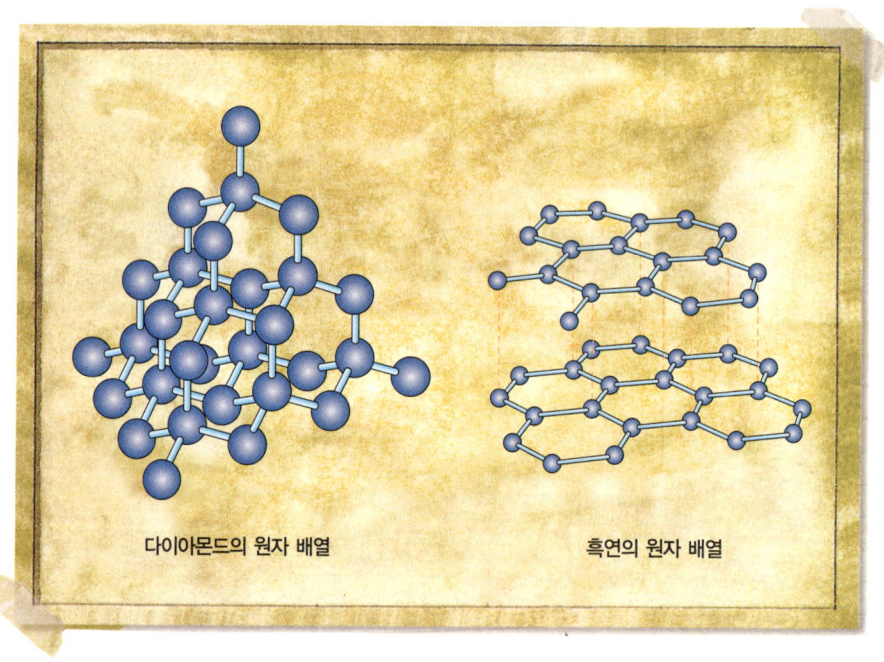

다이아몬드의 원자 배열   흑연의 원자 배열

그림에서 다이아몬드는 촘촘한 구조인 데 반해, 흑연은 탄소 원자끼리 결합은 하고 있으나 층과 층 사이에 틈이 있는 구조이다. 이 층과 층이 잘 미끄러지기 때문에 흑연은 부서지기 쉽다.

두 번째로, 원자와 다른 원자가 결합하여 만들어진 물질로는 염화나트륨이 있다. 염화나트륨은 염소와 나트륨이라는 두 원자가 서로 전기적 성질에 의해 서로 결합한다. 마치 자석의 N극과 S극이 서로 달라붙는 것처럼. 이것 역시 분자끼리의 결합보다 촘촘하고 서로 강하게 결합된 구조를 가진다.

분자 없는 물질의 표기

앞에서 분자는 분자식으로 나타낸다고 했다. 물 분자는 H_2O, 암모니아는 NH_3 등등. 그럼 분자가 없는 물질은 어떻게 나타내야 할까? 막막하다고? 이가 없으면 잇몸으로 하면 된다.

철과 다이아몬드의 경우를 보자. 철은 철 원자(Fe)가 끝없이 결합되어 있는 것이고, 다이아몬드는 탄소 원자(C)가 끝없이 결합되어 있는 것이다. 또한, 이 두 물질의 경우 한 종류의 원자로 이루어진 원소이기도 하다. 따라서 이런 물질들은 그냥 원소 기호로 나타낸다. 복잡하게 생각할 필요도 없다. 그냥 철은 Fe, 다이아몬드는 C로 나타내면 된다.

그럼 소금은 어떻게 해야 할까?

소금의 경우도 염소(Cl)와 나트륨(Na)이 끝없이 결합하여 이루어진다. 그런데 잘 관찰해 보면 염소와 나트륨이 1 : 1의 비율로 결합하고 있는 것을 알 수 있다. 따라서 그들의 원소 기호를 이용하여 그냥 NaCl이라고 나타낸다.

최첨단 분자가 등장했다!

1985년에 미국의 컬과 스몰리, 영국의 크로토는 실험 중 세계가 깜짝 놀랄 만한 물질을 얻게 되었다. 헬륨 기체 통의 흑연 조각에 레이저를 쏘았을 때 남아 있는 그을음에서 완전히 새로운 물질을 발견한 것이다.

이 놀라운 물질은 다름 아닌 풀러렌 분자였는데, 그들은 이 공로로 1996년 노벨 화학상을 받았다. 그런데 이 물질이 어디에 쓰이기에 그렇게 대단한 것일까?

먼저 이 물질의 입체적인 분자 구조를 한번 보도록 하자. 뭔가 연상되지 않는가? 축구공. 그렇다. 축구공과 거의 비슷한 모양을 하고 있다. 이 물질은 탄소 원자 60개가 마치 축구공 모양으로 연결되어 있으며, 흔히들 '버키볼' 또는 '풀러렌'이라고 부른다. 이 물질은 나오자마

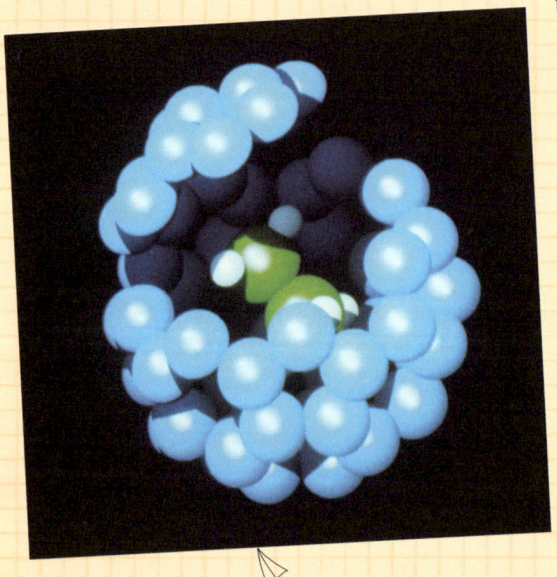

풀러렌에 수소 원자 가두기

자 많은 과학자들의 집중 조명을 받게 되었는데, 그 이유는 이 분자의 특이한 구조 때문이었다.

풀러렌 분자는 새장처럼 아주 작은 원자를 가둘 수 있고, 또 열릴 수도 있다. '이 물질에 구멍을 내고 무언가를 구조 사이에 집어넣는다'는 것 때문에 과학자들에게는 아주 매력적인 물질이다. 이것을 가능하게 하기 위해서는 나노 기술이 필요하고, 따라서 이 버키볼은 탄소 나노 튜브와 함께 나노 기술의 상징적인 물질이 되었다.

실제 예상할 수 있는 쓰임의 예로 컴퓨터 칩에서 원자 크기의 선을 통해 정보를 전달하는 것이다. 또한, 우리 몸 속에서 필요한 의약품을 각 기관으로 운반하는 데에도 사용할 수 있을 것이다.

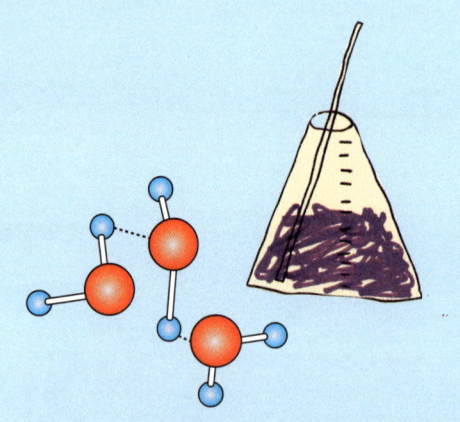

물 분자 06

고등학교 화학 I
1. 주변의 물질 / 물

고등학교 화학 II
2. 물질의 구조 / 화학 결합

관련 교과

생명에 꼭 필요한 물

사람이 밥을 먹지 않고 얼마나 오래 버틸 수 있을까? 1주일 정도? 아니, 좀 더 버틴다면 20일 정도?

놀라지 마시라. 사람은 1개월 정도 음식을 먹지 않아도 살 수 있다고 한다. 그런데 여기에는 반드시 조건이 있다. '단, 물은 계속 먹고 있을 때'이다.

그렇다면 정말 물까지 마시지 않는다면 얼마나 살 수 있을까? 한 10일 정도? 턱도 없다. 만약 물을 전혀 마시지 않는다면 사람은 단 며칠도 살 수 없다.

현재 태양계 행성 중에서 물이 있다고 알려진 곳은 지구뿐이다. 미국항공우주국에 따르면 화성의 표면에 거대한 호수가 있었던 흔적이 있다고 하지만 현재 물이 있는 행성은 지구 외에는 없다.

지구상의 물은 약 99.37%가 바다와 극지방의 빙하에 분포되어 있으며 나머지는 지하수, 염호, 호수, 강 및 공기 중의 수증기로 존재한다. 이 중에 우리가 먹을 수 있는 물은 극히 일부분에 불과하다.

사람 몸은 약 66%가 물로 이루어져 있으며, 이 중에서 1~2%만 잃어도 갈증을 느끼게 되고, 약 5%를 잃으면 혼수 상태에 빠지게 되며, 12% 이상을 잃으면 생명을 잃게 된다. 사람은 매일 적당한 양의 물을 섭취해야 생명과 건강을 유지할 수 있는 것이다.

이처럼 물은 사람뿐만 아니라 지구상에 살고 있는 모든 생물에게 반드시 필요한 존재이다.

물로 가득한 지구. 물은 지구에 생명을 불어넣은 근원이다.

너희가 공유를 아느냐

이처럼 생명체의 존재를 위해 반드시 필요한 물은 그 중요성만큼이나 특별한 성질과 결합 구조를 가지고 있다.

우리는 앞에서 물 분자가 산소 원자 1개와 수소 원자 2개가 결합한 형태라는 것을 알았다.

그런데 이때 물 분자를 이루는 산소와 수소는 공유 결합이라는 방식으로 결합되어 있다. 공유 결합이란 원자들이 결합하는 방식의 하나로, 원자들이 가지고 있는 전자들을 서로 공유하며 결합하는 것을 말한다.

한편 공유 결합에서 전자를 공유할 때는 무조건 공평하게 공유하지 않는다. 즉, 분자를 이루는 원자들은 고유의 인력이 있는데 이 인력의 차이에 따라 전자를 공유하는 양에 차이가 생기게 된다.

물 분자에서 산소와 수소의 관계를 살펴보면, 우선 덩치만 보아도 당연히 산소가 더 강한 인력을 가지고 있다. 따라서 산소가 전자들을 더 많이 공유하게 된다. 이처럼 전자를 더 많이 공유한다는 것은 전자들이 수소보다 산소 쪽으로 더 많이 가 있다는 말이다.

그런데 이게 어쨌다는 말인가? 전자들은 전기적으로 (–)전하를 띠고 있다. 원래 물 분자는 전기적으로 중성이어야 하는데, 이 (–)전하를 띤 전자들의 위치 이동으로 말미암아 중성인 물 분자에 전기적인 성질이 생기게 된다. 즉, 전자를 공유하는 양에 차이가 발생함으로써 산소 쪽

돌턴: 그런데, 물이 수소와 산소로 이루어져 있다는 것을 어떻게 알았냐고? 물에 직류 전류를 흘려 보냈을 때 물이 산소와 수소로 나누어지는 것을 관찰하였지.

게이 뤼삭: 나는 유디오미터라는 기구를 이용하여 전기 불꽃으로 수소와 산소를 반응시켜 물을 만들었지.

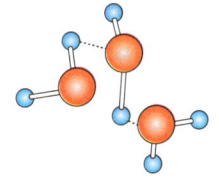

은 음(-)의 전하를 띠고, 수소 쪽은 반대로 양(+)의 전하를 띠게 되는 것이다.

물 분자가 전기적 성질을 띠게 된다는 말에 혹시 물에 전기가 흐르는 것은 아닌가 하고 걱정할지도 모르겠다. 그러나 그런 걱정은 할 필요가 없다. 물 분자는 부분적으로만 전하를 띨 뿐 분자 전체적으로는 음의 전하와 양의 전하가 서로 영향을 주어 전기적 성질이 강하지 않다.

생명 유지의 비밀과 물 분자

한편 물 분자에 생긴 이 부분적인 전기적 성질은 생명 유지와 관련된 아주 놀라운 결과를 낳게 된다.

이 전기적 성질은 서로 끌어당기는 힘을 강하게 함으로써 물 분자끼리의 결합을 더 강하게 해 준다. 즉, 수소와의 공유 결합으로 음의 전기적 성질이 강해진 산소는 다른 물 분자에 결합된 수소까지 끌어당기는 힘을 갖게 됨으로써 물 분자끼리의 결합을 강화시킨다. 그래서 다른 분자들끼리의 결합보다 더 강한 결합을 형성하게 된다.

이처럼 음의 전기적 성질이 강한 원자 사이에 수소 원자가 들어가 약한 결합 상태를 만드는 것을 '수소 결합'이라고 한다.

아래 그림은 물 분자들의 결합 상태를 나타낸 것인데, 원자 사이의 막대기 모양은 공유 결합 상태를 나타내고, 점선으로 나타낸 것이 수소 결합을 나타낸다.

▶ 물의 구조

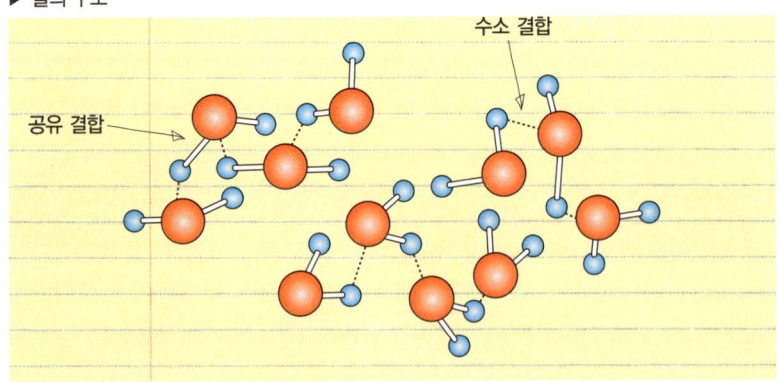

이 강한 물 분자 사이의 결합으로 인해 물은 다른 액체들처럼 쉽게 온도가 내려가거나 올라가지 않는다. 이것이 왜 중요할까?

만약 물의 온도가 쉽게 올라가면 무슨 문제가 생길까? 여름에 온도가 높을 때 우리 몸속의 물도 금방 온도가 올라갈 것이다. 갑자기 체온이 높아지면 우리의 생명은 곧 위독해질 것이다. 반대로 겨울에는? 잘못하면 얼어 죽을지도 모른다. 이처럼 물 분자의 결합적 특징은 우리의 생명과 직결되어 있다.

한편 이 세상 대부분의 액체 물질은 고체로 될 때 부피가 줄어든다. 그런데 물의 경우는 특이하게도 얼음이 되면 오히려 부피가 늘어난다. 왜 이런 일이 일어날까? 이것 역시 물 분자의 특이한 결합 때문에 나타나는 현상이다.

물 분자의 경우 산소와 수소가 V자 형으로 결합하고 수소 결합을 이룬다는 특징 때문에 얼음이 될 때 육각형 구조를 이루게 된다. 이 육각형 구조는 물의 정형화되지 않은 구조에 비해 더 많은 빈 공간을 만들게 되므로 물보다 얼음의 부피가 커지는 특이 현상을 일으키는 것이다.

그런데 만약 얼음이 물보다 부피가 작아지면 어떤 일이 일어날까? 부피가 작아진다는 것은 그만큼 무거워진다는 것이다. 즉, 얼음이 물에 가라앉게 된다는 것을 뜻한다. 이렇게 되면 추운 겨울에 강은 밑바닥부터 얼고 이 얼음이 차곡차곡 위로 올라와 강 전체가 얼어 버릴 것이다. 그럼 강에 사는 그 많은 물고기들은 어떻게 될까? 아마 모두 얼어 죽을 것이다.

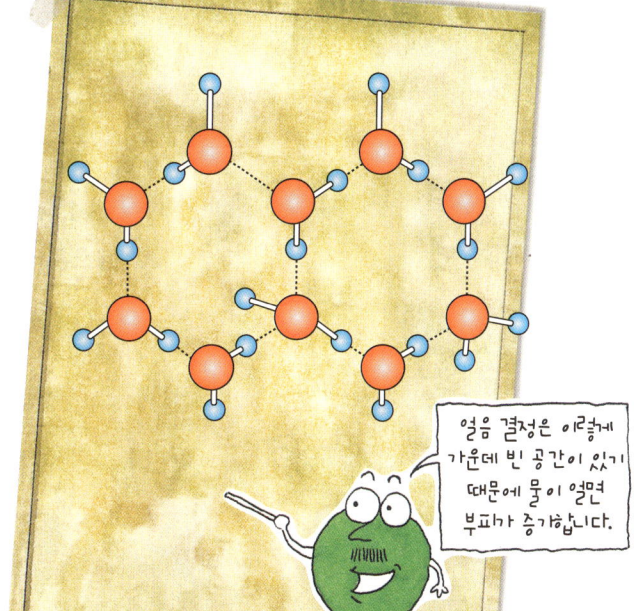

▶ **얼음의 구조**

얼음 결정은 이렇게 가운데 빈 공간이 있기 때문에 물이 얼면 부피가 증가합니다.

무엇이든 잘 녹이는 물

물 분자의 결합 속에 숨어 있는 전기적 성질은 우리 생활에도 유용하게 이용된다.

설탕이나 소금이 물에 녹지 않는다고 생각해 보자. 아마 우리 생활이 엄청나게 불편해질 것이다. 다행스럽게도 설탕이나 소금은 물에 잘 녹는다.

그런데 이것들이 잘 녹을 수 있는 것도 물 분자의 전기적 성질 때문이다. 즉, 물은 음과 양의 전기적 성질을 모두 가지고 있기 때문에 여러 가지 물질들 중에서 음이나 양의 전기적 성질을 띠는 모든 물질들과 잘 어울리는 것이다. 반면, 전기적 성질을 띠지 않는 물질들은 물에 녹지 않는다.

이처럼 다른 물질을 잘 녹이는 물의 성질은 우리의 삶에서 매우 유용한 역할을 한다. 빨래를 할 때 물을 사용하는 것도 오염 물질들 중에 물에 잘 녹는 것들이 많기 때문이다. 비가 온 후 공기가 맑고 투명하게 느껴지는 것도 이런 이유 때문이다.

또한 물은 우리 몸이 영양분을 흡수하는 데 매우 중요한 역할을 한다. 음식을 통해 흡수한 영양분들은 우리 몸속에 있는 물과 섞여 몸 구석구석으로 이동하여 필요한 곳에서 흡수된다.

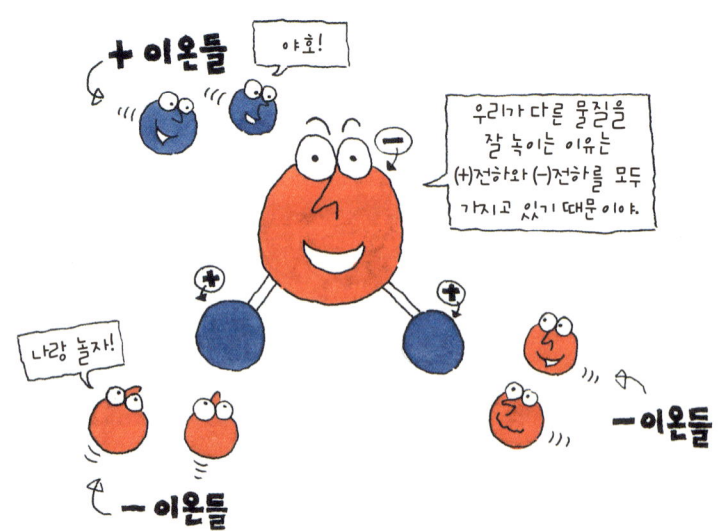

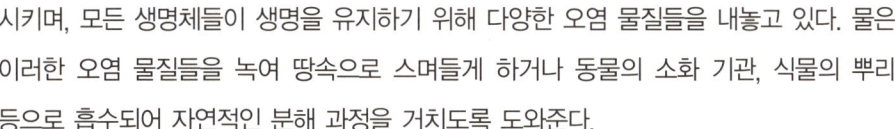

물이 다른 물질을 잘 녹이는 성질은 자연을 맑고 깨끗하게 유지하는 데 없어서는 안 될 중요한 특징이다.

사실 오염 물질은 인간만이 만드는 것은 아니다. 자연에서도 화산 폭발과 같은 일로 막대한 오염 물질을 배출시키며, 모든 생명체들이 생명을 유지하기 위해 다양한 오염 물질들을 내놓고 있다. 물은 이러한 오염 물질들을 녹여 땅속으로 스며들게 하거나 동물의 소화 기관, 식물의 뿌리 등으로 흡수되어 자연적인 분해 과정을 거치도록 도와준다.

그러나, 다른 물질을 잘 녹이는 이 성질은 반대로 물이 너무나 쉽게 오염된다는 양면성을 보여준다. 농약이나 합성 세제, 공장 폐수 등 사람이 만드는 온갖 오염 물질들과 물은 너무도 쉽게 섞인다. 여러 가지 화학 물질로 오염된 강은 그 안에 사는 생명체들을 죽이거나 심지어 아무것도 살 수 없게 만든다.

한편, 물에 녹아든 오염 물질을 분리해 내기 위해서는 열을 가하거나 새로운 화학 첨가물을 넣는 등의 복잡한 단계를 거쳐야만 한다. 그리고 이러한 복잡한 과정에는 그만큼 막대한 비용이 들어간다.

이처럼 물은 주변의 오염 물질을 쉽게 녹여 줌으로써 자연의 정화 작용에 중요한 역할을 하지만, 한편으로는 너무 쉽게 오염되기 때문에 자연이 정화할 수 있는 정도를 넘어설 경우 원래의 상태로 되돌리기가 매우 어렵다.

물 위를 뛰어다니는 도마뱀

여러분은 물 위를 걷는 사람을 본 적이 있는가? 이런 일은 영화에서나 가능하지 현실에서는 불가능하다는 사실을 우리 모두가 알고 있다.

사람이 물 위를 걷는 것은 불가능하지만 물 위를 걷는, 아니 뛰어다니는 도마뱀은 있다. 바로 중앙아메리카의 강에 사는 바실리스크 도마뱀이다.

손바닥만한 길이의 바실리스크 도마뱀은 적이 나타나면 재빨리 이동하기 위해 물 위를 빠른 속도로 질주한다. 물 위를 뛰는 모습은 마치 묘기 대행진을 보는 것같이 아슬아슬하게 느껴진다.

바실리스크 도마뱀은 도대체 어떤 원리로 물 위를 뛸 수 있는 걸까? 바실리스크 묘기의 비결은 1초에 20번 정도나 발길질을 할 수 있는 뛰어난 순발력과 물의 '표면장력'에서 찾을 수 있다.

물의 표면장력이란, 물의 표면에 있는 물 분자들이 서로 뭉치려는 힘 때문에 나타나는 또 다른 힘이다. 즉, 물속의 물 분자들은 사방으로 인력이 작용하지만, 표면의 물 분자들은 오직 아래쪽 방향으

로만 힘이 작용하므로 이 불균형을 해소하기 위해 서로 뭉치게 된다. 바닥에 떨어뜨린 물방울이 동글동글 맺히는 것도 바로 이 표면장력 때문이다.

이제 바실리스크 도마뱀이 물 위를 뛰어다닐 수 있는 비결에 대해 구체적으로 알아보도록 하자. 바실리스크 도마뱀은 1초에 20번 정도 발길질을 할 정도로 순발력이 뛰어나다. 이처럼 빠른 발길질은 물의 표면장력에 의해 위로 향하는 힘을 얻게 된다. 그러나 이러한 이유만으로는 물 위를 뛰어다닐 수 없다.

바실리스크 도마뱀이 물 위를 뛰어다니는 장면을 고속 카메라로 촬영한 장면을 자세히 보면 물속에서 작은 공기 방울이 뽀글뽀글 올라오는 것을 관찰할 수 있다. 이 공기 방울 역시 바실리스크 도마뱀의 긴 발가락의 빠르고 힘찬 움직임 때문에 생기는 현상이다. 다른 도마뱀들의 발가락이 굵고 짧은 데 비해 바실리스크 도마뱀의 발가락이 긴 이유도 여기에 있다.

이제 물의 표면장력에 의한 반발력과 물속에서 뿜어져 나오는 공기 방울의 힘으로 바실리스크 도마뱀은 물 위를 힘차게 뛰어다닐 수 있다. 물론 이런 현상은 순간적으로 일어나는 일이다. 도마뱀도 살아 있는 동물인데, 어떻게 계속해서 1초에 20번 정도의 발길질을 해댈 수 있겠는가!

그런데 이 도마뱀이 식용유 위에서도 이렇게 뛰어다닐 수 있을까? 천만에. 도마뱀이 뛰어다닐 수 있는 것은 물만이 지닌 특별한 표면장력 때문이다. 식용유는 이러한 표면장력이 약하기 때문에, 만약 식용유 위에서도 뛰어다니기 위해서는 그만큼 더 빠른 발길질을 해야 할 것이다.

> 사람이 물 위를 걸으려면 표면장력이 생길 수 있을 만큼의 넓은 발바닥과 빠른 속도, 그리고 그런 속도로 달릴 수 있는 다리 근육이 필요해.

화학 반응 07

중학교 3 과학
5. 물질 변화에서의 규칙성

고등학교 화학 II
3. 화학 반응 / 화학 반응과 에너지

관련 교과

원소가 부리는 반응의 마술

자연은 바라보면 바라볼수록 신비롭다. 아름다운 산과 들, 끝없이 넓게 펼쳐진 바다. 도대체 누가 이 엄청난 작품을 만들었을까? 그런데 그 자연을 탐구하는 인간은 더 놀랍다. 어떻게 저 자연 속에서 일어나는 오묘한 물질 세계를 알아냈을까? 그리고 그 물질이 눈에 보이지도 않는 분자로, 또 원자로 이루어졌다는 사실까지 밝혀 냈을까?

이 세상에는 110여 가지의 원소가 존재한다고 했다. 결국 세상의 모든 물질은 이 원소들의 조합으로 만들어진다. 이러한 조합으로 만들어지는 화합물의 종류는 얼마나 될까? 정확한 수를 헤아릴 수는 없고 수백만 가지라고 생각하면 된다. 어떻게 110여 가지로 수백만 가지를 만들 수 있을까? 수학 선생님에게 물어 보라. 분명히 만들 수 있다. 그런데 그 다양한 화합물이 만들어지기까지는 숨은 공로자가 있다. 바로 이 화합물들을 만들어 내는 다양한 종류의 '반응'들이다.

화학에서는 그 다양한 종류의 반응들을 크게 두 가지로 나눠 버린다. 먼저, 나무를 잘라 책상을 만든 경우와 나무에 불을 붙여 태운 경우를 비교해 보자.

두 경우 모두 무엇인가 변화가 일어났다는 점은 같다. 그러나 나무로 책상을 만든 경우는 나무의 모양이나 상태 등은 변하지만 나무 자체의 본질에는 변화가 없다. 이처럼 물질 자체의 본질에는 변화가 없어 성질이 변하지 않는 현상을 물리적 변화라고 한다.

반면, 나무를 불에 태운 경우 나무는 찾을 길이 없고 재만 남는다. 이처럼 처음 물질의 성질은 남지 않고 새로운 물질이 생기는 변화를 화학적

변화라고 한다. 즉, 처음 성질이 남아 있느냐 없느냐에 따라 남아 있으면 물리적 변화, 없으면 화학적 변화로 구분한다.

그런데 화학에서 다루는 대부분의 반응은 화학 반응, 즉 화학적 변화를 다루는 것들이다. 여기서는 이 다양한 화학 반응의 세계를 파헤쳐 보자.

우리는 겉모습만 변한다 – 물리적 변화

물이 끓어서 수증기로 변했다. 그리고 물이 얼어서 얼음으로 변했다. 이것은 물리적 변화일까, 화학적 변화일까?

물리적 변화란 반응이 일어난 후에도 처음의 성질이 그대로 남아 있는 것이라고 했다. 그런데 물은 액체이고 얼음은 고체, 수증기는 기체이다. 얼음과 수증기, 물의 모습만 보고는 '이건 화학적 변화임이 분명해!'라는 생각이 들겠지만, 그건 잘못된 판단이다.

▶ 물의 상태 변화와 분자 배열 상태

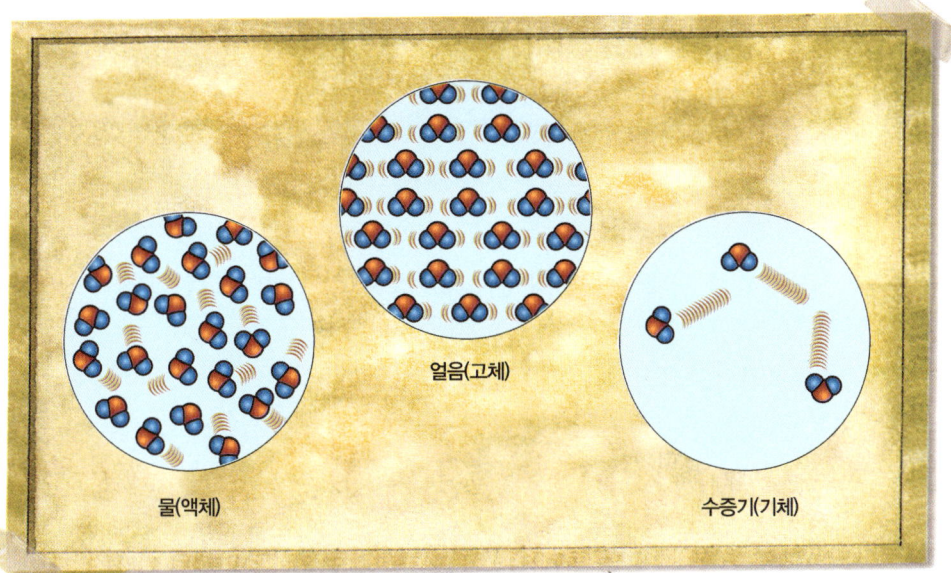

응결

공기가 냉각되어 수증기가 액체로 변하는 현상을 말한다. 이러한 응결로 안개나 이슬이 만들어지고, 유리창에 성에가 생긴다.

물이 수증기로 변하거나, 물이 얼음으로 변하는 것은 물리적 변화이다. 얼음을 녹이면 다시 물이 된다. 또한 수증기도 차갑게 해서 응결시키면 다시 물이 된다. 즉 물과 얼음, 수증기는 서로 상태는 달라도 모두 물 분자로 이루어져 있다는 기본적인 성질은 변하지 않는다. 물은 얼음으로 또 수증기로 상태가 변했지만, 물 분자 자체는 변하지 않고 여전히 그대로 존재한다.

이처럼 물리적 변화는 단순히 그 물질의 성질이 변하지 않는 것뿐만 아니라, 그 물질을 이루는 분자들의 기본적인 성질이 변하지 않는 것도 포함한다.

이러한 예는 우리 주변에서 얼마든지 찾을 수 있다. 설탕을 녹여서 설탕물을 만드는 것도 마찬가지이다. 설탕물이 되어도 설탕의 단맛은 계속 유지된다. 그리고 물이 증발되면 다시 설탕을 얻을 수 있다. 이때에도 설탕과 물을 이루는 분자의 구조는 절대 변하지 않는다.

이렇게 기본적인 성질은 변하지 않고 형태만 바뀌는 것을 물리적 변화라고 한다.

우리는 속까지 다 변한다 – 화학적 변화

한편 물질의 화학적 변화는 물리적 변화와는 달리 반응하기 전 물질의 성질이 반응 후에는 완전히 달라지는 것을 말한다.

물은 산소와 수소 원자들로 구성되어 있다. 그래서 물에 전기적 충격을 가해 주면, 물은 수소와 산소 기체로 분해가 된다. 그런데 물과 산소 기체, 수소 기체는 전혀 다른 물질이다. 이런 반응을 화학적 변화, 즉 화학 반응이라고 한다.

이 반응을 분자 모형으로 나타내면 그림과 같다.

▶ 물의 전기 분해

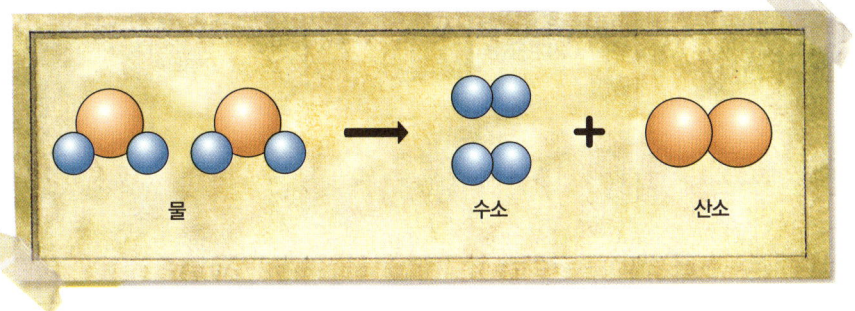

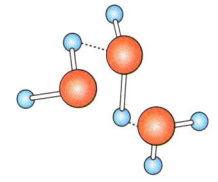

이 그림에서 우리는 앞의 물리적 변화와 화학적 변화의 큰 차이를 발견할 수 있다. 즉, 반응 전의 물 분자의 모습을 반응 후에는 전혀 찾아볼 수 없다는 것이다.

앞에서 물이 수증기로 변하거나 얼음으로 변할 때에는, 겉모습은 변해도 물 분자의 모습은 전혀 변하지 않았다. 우리는 이것을 통해 물리적 변화와 화학적 변화의 차이를 명확히 구분할 수 있다.

합치고, 나누고, 바꾸고, 맞바꾸고

화합물의 종류가 엄청나게 많은 것처럼 화학 반응의 종류도 아주 많다. 하지만 이 복잡한 화학 반응도 크게 4가지로 나눌 수 있다.

1. 화합 : 두 가지 이상의 물질이 반응하여 한 가지 물질로 변하는 반응

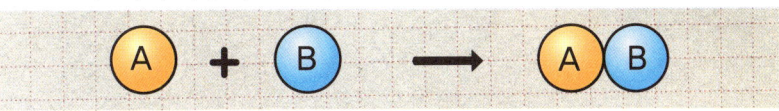

2. 분해 : 한 가지 물질이 두 가지 이상의 물질로 나뉘는 반응

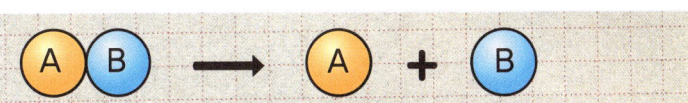

3. 치환 : 화합물을 구성하는 성분 중 일부가 자리바꿈하는 반응

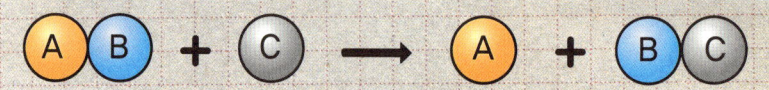

4. 복분해 : 두 가지 화합물이 성분의 일부를 서로 바꾸어 두 가지 새로운 화합물을 생성하는 반응

화학 반응, 격식을 차리다

원소를 기호로 나타낸 것이 원소 기호이고, 분자를 기호로 나타낸 것이 분자식이라고 했다. 이처럼 기호나 식으로 나타내는 이유는 당연히 사용하기 편리하기 때문이다.

그렇다면 화학 반응도 기호로 나타내면 사용하기 편리하지 않을까? 그래서 나타난 것이 바로 '화학 반응식'이다. 화학 반응에 격식을 차려 준 것이 화학 반응식인 셈이다.

수소와 산소가 결합하여 물이 생성되는 화학 반응을 모형과 분자식을 사용하여 나타내 보자.

우선, 반응 물질을 화살표 왼쪽에 쓰고, 생성 물질을 화살표 오른쪽에 쓴다.

수소 + 산소 → 물

다음에는 각각의 물질을 분자식으로 바꾸어 적는다.

$H_2 + O_2 \rightarrow H_2O$

화학 반응 과정의 전과 후에 원자의 종류와 수는 바뀌지 않으므로 양변의 원자 수를 같게 맞추어 주어야 한다.

우선 산소의 원자 수를 맞추면 다음과 같다.

$H_2 + O_2 \rightarrow H_2O \;\; H_2O$

다음엔 양변의 수소의 원자 수를 맞추어 준다.

$H_2 \;\; H_2 + O_2 \rightarrow H_2O \;\; H_2O$

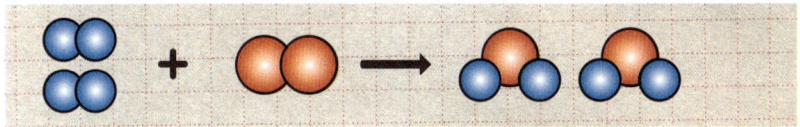

수소 분자 2개는 $2H_2$, 물 분자 2개는 $2H_2O$이므로 전체 반응식은 다음과 같이 나타낸다.

$2H_2 + O_2 \rightarrow 2H_2O$

화학 반응식은 물질들의 반응 방식을 간단하게 표현할 수 있다는 장점 외에도, 반응에 관계하는 물질의 종류를 알 수 있고, 물질 사이에 복잡하게 얽혀 있는 여러 가지 정보를 한눈에 알 수 있다. 따라서 화학을 공부할 때 화학 반응식의 원리를 제대로 파악해 두면 도움이 된다.

파마는 과연 퍼머넌트할까?

일명 '아줌마 머리'라고 불리는 '파마 머리'는 곧은 머리카락을 구불구불한 곱슬머리 형태로 만든 것을 말한다. 이 파마 머리는 한번 하면 잘 풀리지 않고 오래 가기 때문에 절약 정신이 투철한 아주머니들의 상징처럼 여긴다.

사실 파마라는 말은 원래 'Permanent(퍼머넌트)'라는 영어 단어에서 유래했다. '영구적인, 불변의'라는 뜻의 단어이다. 이것이 미용 기술 용어로 쓰이게 된 것은, 파마로 어떤 모양을 만들면 오랫동안 지속되기 때문일 것이다.

그런데 이 파마는 화학 반응을 일상 생활에 이용한 대표적 사례이다.

머리카락의 주성분은 단백질이다. 이 단백질은 고리 모양으로 계속 연결된 구조를 하고 있는데, 이러한 결합 구조를 S-S 결합이라고 한다. S-S 결합은 머리카락이 일정한 모양을 유지하도록 해 주는 데 중요한 역할을 한다. 가령 머리카락을 물에 적시거나 손으로 잡아당길 경우 어느 정도까지 머리카락이 늘어났다가 원상태로 돌아가는 것을 볼 수 있는데, 이러한 현상이 가능한 것이 바로 S-S 결합의 특징이다.

한편 S-S 결합은 일정 정도 이상의 힘이 가해지거나 특정한 화합물과 만나면 결합이 끊어져 새로운 형태로 결합을 이루기도 한다.

파마는 바로 이러한 S-S 결합의 특성을 활용한 것이다. 파마에 쓰이는 약품에는 S-S 결합을 끊어 내는 성분이 들어 있다. 그래서 원래 S-S 결합으로 고정되어 있는 머리카락을 약품의 작용으로 모양을 자유롭게 변형시킬 수 있는 상태로 만든다.

이렇게 결합이 끊어진 상태의 머리카락을 집게나 롤러와 같은 도구를 이용하여 만들고 싶은 머리 모양으로 고정시키고, 일정 시간을 기다린 후(미용실에 가면 머리에 이상한 모자를 쓴 채 수다를 떨고 있는 아주머니들을 종종 볼 수 있는데, 이 아주머니들이 바로 파마 약을 바르고 머리 모양이 제대로 고정되기를 기다리는 것이다) 중화제로 처리해 주면 다시 S-S 결합이 생긴다. 이때 고정해 준 머리 모양 상태로 결합이 생기므로, 그 모양대로 파마가 완성되는 것이다.

그런데 파마는 원래 영어 단어의 뜻처럼 영구적인 것일까? 여러분은 어머니가 파마를 하고 몇 달 되지 않아서 다시 미용실에 가는 것을 여러 번 보았을 것이다. 결과적으로 우리는 파마가 영구적이지 않다는 것을 이미 알고 있다. 그런데 그 이유는 제대로 알고 있을까?

파마가 영원히 지속되지 않는 이유는 우선 머리카락이 계속 자라기 때문이다. 또, 앞에서 말했듯이 S-S 결합은 일정 정도 이상의 힘이 가해질 경우 끊어질 수도 있기 때문에, 여러 번 머리를 감거나 오랜 시간 똑같은 자세로 잠을 자거나 하면 저절로 머리카락 모양이 변할 수도 있다.

이처럼 S-S 결합은 머리카락의 모양을 유지하는 역할도 하지만, 반대로 모양을 변화시킬 때에도 쓰인다는 특징이 있다.

화학 결합 08

중학교 3 과학
3. 물질의 구성 / 분자

고등학교 화학 II
2. 물질의 구조 / 화학 결합

강한 결합, 약한 결합

우리 주위에 존재하는 물질들은 대부분 두 가지 이상의 원소가 결합해서 생긴 화합물들이다. 물이 만들어지기 위해서는 반드시 수소와 산소가 있어야 하고, 그리고 그 둘이 서로 결합해야만 한다. 만약 수소와 산소는 있는데 서로 결합하지 않는다면 물은 생겨날 수 없다. 다시 말하면 화학 반응에는 반드시 결합이 따라다닌다.

다이아몬드 원석

그런데 우리가 화학 결합을 이해하기 위해서 먼저 알아 두어야 할 것이 있다. 그것은 바로 화학 결합에 참여하는 가장 작은 알갱이의 종류이다. 앞에서 배운 물질을 구성하는 가장 작은 알갱이들을 떠올려 보라. 분자, 원자, 원자핵, 전자 등이 있다. 그러나 화학 결합에서 핵은 다루지 않는다. 따라서 원자핵은 빼고, 나머지 분자, 원자, 전자, 그리고 여기에 '이온'이 더 추가된다. 이온이란 원자가 전자를 잃거나 얻어 전기적 성질을 가지게 된 원자의 또 다른 모습이다.

화학 결합은 이런 입자들이 서로 결합하여 이루어진다. 그런데 이때 어떤 입자들이 결합하느냐에 따라 결합의 세기가 달라진다. 즉, 결합에도 강한 결합이 있고 약한 결합이 있다는 것이다.

우리는 다이아몬드가 세상에서 가장 단단한 물질이라고 알고 있다. 그런데 왜 다이아몬드가 가장 단단할까? 그 비밀은 바로 화학 결합에 있다. 다이아몬드는 탄소 원자만으로 결합되어 있는데, 보통 동일한 원자끼리 결합하면 매우 강한 결합을 만든다. 즉, 다이아몬드가 가장 단단한 물질인 것은 다이아몬드를 이루는 입자끼리의 화학 결합이 가장 강하기 때문이다.

이처럼 모든 물질은 원자나 분자 같은 입자들이 결합함으로써 만들어지며, 또한 결합하는 입자에 따라 강한 결합이 되기도 하고 약한 결합이 되기도 한다.

주고받는 사이, 이온 결합

원자의 종류에는 금속 원자와 비금속 원자가 있다. 다이아몬드처럼 같은 원자끼리의 강한 결합도 있지만, 많은 경우의 원자 결합에서는 비금속 원자와 금속 원자가 서로 결합한다. 마치 남녀가 만나듯이!

이들이 만나면 어떤 일이 일어날까? 한마디로 전기 불꽃이 튄다. 진짜 불꽃이 튄다는 이야기가 아니고 서로 전기적 성질을 일으켜 이온으로 변한다는 말이다. 즉, 금속 원자는 전자를 잃어 양이온으로 변하고, 비금속 원자는 금속 원자에서 전자를 얻어 음이온으로 변한다.

이처럼 서로 다른 전기적 성질을 띠면 무슨 일이 일어나겠는가? 자석의 N극과 S극이 서로 잡아당겨 딱 붙는 것처럼, 이 둘도 전기적으로 서로 결합한다. 이 경우 원자 상태로 결합하는 것이 아니고 이온 상태로 결합한다고 하여 '이온 결합'이라고 부른다.

이온 결합에 의한 대표적 화합물로는 소금(NaCl, 염화나트륨)이 있다. 소금은 금속 원소인 나트륨(Na)과 비금속 원소인 염소(Cl)가 결합하여

전자껍질

원자 내 전자들은 K, L, M, N이라고 부르는 전자껍질에 채워진다. 이때 전자들은 안쪽부터 순차적으로 채워지며, 가장 바깥쪽 껍질에 채워진 전자를 최외각 전자라고 부른다.

▶ 염화나트륨의 이온 결합

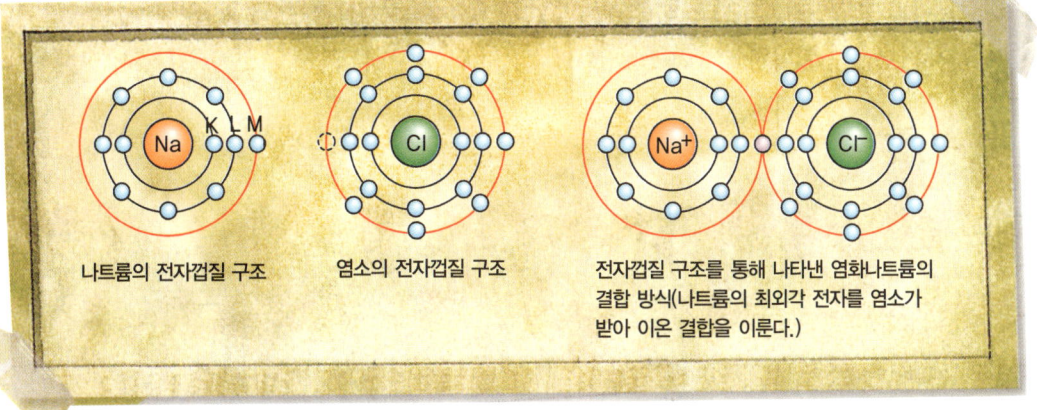

나트륨의 전자껍질 구조 | 염소의 전자껍질 구조 | 전자껍질 구조를 통해 나타낸 염화나트륨의 결합 방식(나트륨의 최외각 전자를 염소가 받아 이온 결합을 이룬다.)

만들어진다. 금속 원자인 나트륨은 가지고 있는 전자가 1개 많아서 이 전자를 버리고 양이온이 되려고 한다. 반면, 비금속 원자인 염소는 전자 1개가 부족해 불안정한 상황이다. 따라서 이 둘이 만나면 즉각 전자를 주고받음으로써 자신들의 문제를 해결한다. 결과적으로 나트륨은 양이온, 염소는 음이온이 되므로 이 둘은 전기적으로 결합(이온 결합)하게 된다.

여기서 전자가 많고 적다는 의미는 고등학교 화학Ⅱ에서 배우는 최외각(가장 바깥쪽 전자껍질)에 들어갈 수 있는 전자의 수와 관련된다. 이 최외각에는 일반적으로 8개의 전자가 채워졌을 때 가장 안정적인 상태이다. 그런데 나트륨은 이 최외각에 1개의 전자가 있고, 염소는 7개가 있다. 따라서 나트륨은 1개의 전자를 버리는 것이 안정적이고, 염소는 1개를 받는 것이 안정적이다.

이온 결합은 매우 강한 결합이어서 녹는점이나 끓는점도 매우 높다. 염화나트륨의 경우 녹는점은 801℃이고, 끓는점은 1,413℃이다. 한편 이렇게 강한 이온 결합도 물에서는 무용지물이 된다. 소금을 물에 넣는 순간 이 강했던 결합은 너무 쉽게 끊어져 버린다. 이것은 6장 '물 분자'에서 설명한 것처럼, 물 분자가 전기적 성질을 띠고 있기 때문이다.

우리는 끼리끼리 모인다

사람들 중에는 남자들끼리만, 또는 여자들끼리만 어울리는 경우가 있다. 원자들도 비금속 원자들은 비금속 원자들끼리, 금속 원자들은 금속 원자들끼리 결합하기도 한다.

먼저 비금속 원자들의 결합을 알아보자. 이 경우 전기 불꽃은 일어나지 않는다. 대신 이들은 상대방이 가지고 있던 전자를 서로 가지기 위해 잡아당기다가 결국 어느 쪽에도 속하지 않고 함께 공유하게 된다.

이 결합의 모습은 줄다리기를 떠올리면 쉽게 이해할 수 있다. 즉, 두

팀이 같은 줄에서 서로 잡아당기기 때문에 서로 연결되어 있듯이 양쪽 핵이 전자들을 서로 잡아당겨 결합한다. 이 결합은 전자를 공유하여 결합한다고 해서 '공유 결합'이라고 한다. 대부분의 분자들은 모두 이 공유 결합을 통해 만들어진다.

앞에서 분자는 원자와 원자가 결합하여 만들어진다고 했다. 그런데 이때 분자는 원자와 원자의 공유 결합에 의해 만들어진다. 즉, 수소 분자는 수소 원자와 수소 원자가 서로 공유 결합하여 만들어지고, 물 분자는 산소 원자와 수소 원자가 서로 공유 결합하여 만들어진다.

공유 결합은 이와 같이 분자를 만드는 원자끼리의 결합에서 주로 사용된다. 그런데 분자로 이루어진 물질의 경우 분자를 이룰 때는 공유 결합이 사용되지만, 이 분자들이 모여서 물질을 이룰 때에는 또 다른 결합 방식이 사용된다.

예를 들어 물 분자의 경우 산소와 수소의 공유 결합으로 이루어졌지만, 실제 물은 이러한 물 분자들의 결합으로 만들어진다. 따라서 분자와 분자 사이의 새로운 결합이 필요해진 것이다. 그런데 이 결합은 눈에 보이는 결합을 하는 것이 아니라 분자 사이의 인력(서로 끌어당기는 힘)으로 서로 묶인 모양이다.

공유 결합 분자의 전자 공유 형태

수소 분자

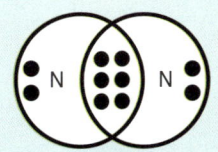

질소 분자

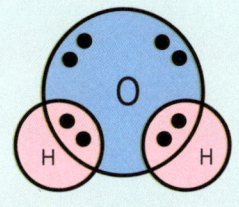

물 분자

▶ 물 분자들의 결합

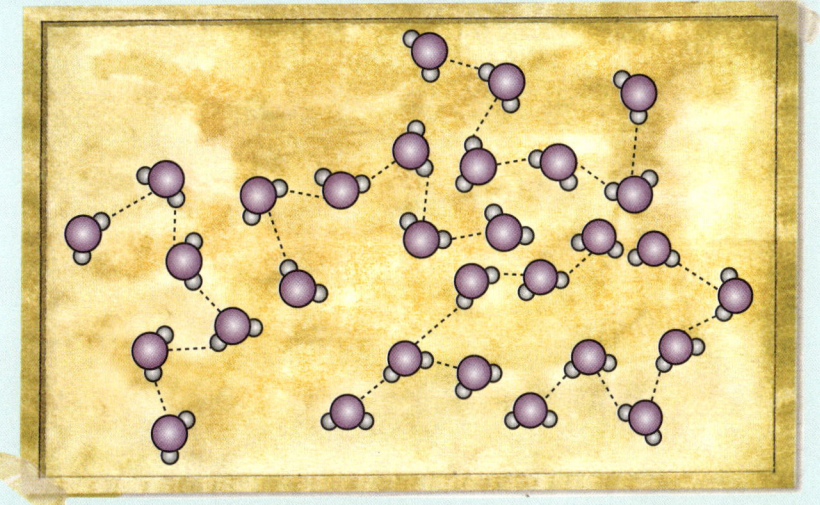

앞의 그림에서 물을 이루고 있는 분자의 모형을 보면 분자 사이의 결합이 어떤 것인지 조금 이해가 될 것이다. 이 그림에서 물 분자들은 서로 간의 인력에 의해 결합되어 있는 것을 볼 수 있다.

이번에는 금속 원자들의 결합을 알아보자. 금속 원자의 결합으로 금속이 만들어지리라는 것은 쉽게 예상할 수 있다. 철 금속은 철 원자들의 결합으로 이루어져 있다. 그런데 다른 결합과는 다르게 여기에는 철 원자들을 결합시키는 어떤 힘이 있다.

이 힘은 바로 자유전자 때문에 나타난다. 자유전자는 금속 원자의 가장 바깥 전자껍질에 있던 전자들 중 일부가 주변의 원자들과 고정적인 결합을 이루지 않고 자유롭게 돌아다닐 수 있는 상태가 되면서 발생한다.

이처럼 금속은 수많은 자유전자(음의 성질을 띰)가 퍼져 있고 그 안에 전자를 잃은 금속 양이온(양의 성질을 띰)들이 박혀 있는 것과 같은 상태를 이룬다. 그리고 금속 결합이란 이 모든 자유전자와 금속 양이온들이 전기적으로 결합하고 있음을 나타낸다. 이를 이미지로 연상해 보려면, 쉼 없이 움직이는 전자의 바다 속에 금속 양이온들이 둥둥 떠 있는 상황을 그려 보면 적당할 것이다.

▶ 자유 전자가 바다를 이루고 그 속에 금속 양이온이 규칙적으로 배열된 금속 결합의 구조. 전자 바다 모형이라고 한다.

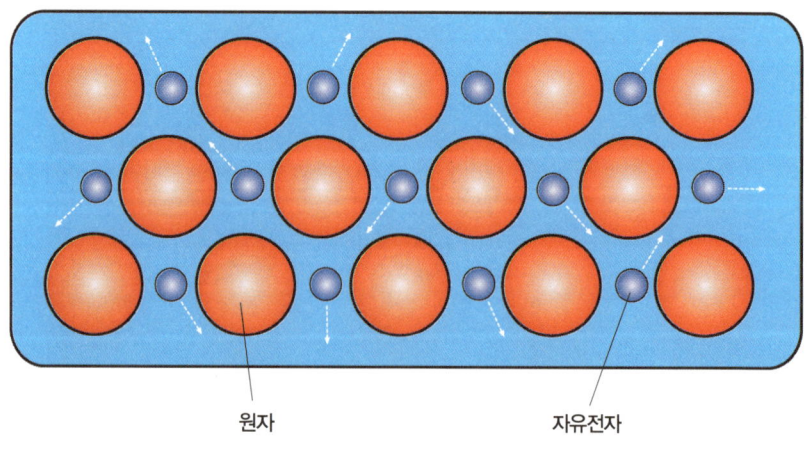

전자껍질과 전자의 관계

화학자들은 연구를 통해 원자 내에는 전자껍질이 있다는 사실을 밝혔다. 원자 내 전자들은 원자 내에서 무질서하게 배열되지 않고 전자껍질에 순차적으로 배열된다. 전자껍질 중 가장 안쪽에 있는 것을 K라 하고 그 다음부터 L, M, N이라고 부른다.

각 전자껍질에 들어갈 수 있는 전자의 수는 정해져 있으며, 따라서 전자의 수에 따라 전자껍질의 수도 정해진다. 각 껍질에 들어갈 수 있는 전자의 수는 K껍질에는 2개, L껍질에는 8개, M껍질에는 18개 등이다. 예를 들어 전자의 수가 11개인 나트륨 원자의 경우 전자 2개가 K껍질에 채워지고, 8개가 L껍질에 채워지며, 나머지 1개가 최외각인 M껍질에 채워진다.

그런데 우리가 주목해야 할 것은 최외각 전자들의 움직임이다. 왜냐하면 최외각 전자들만이 화학 반응에 참여하기 때문이다. 안쪽 껍질에 있는 전자들의 경우 에너지가 낮아 안정된 상태를 이루기 때문에 반응을 일으키지 않지만, 최외각 전자들은 에너지가 높은 불안정한 상태에 있다. 따라서 최외각 전자들끼리 반응하여 여러 가지 화학 결합을 하면서 반응을 일으킨다.

예를 들어 최외각 전자가 1개인 나트륨과 최외각 전자가 7개인 염소가 만나면 서로 최외각 전자 1개를 주고받아 이온을 만들면서 이온 결합을 한다. 또, 나트륨 원자끼리는 최외각 전자 1개가 자유전자로 활동하면서 금속 원자끼리 결합하게 되므로 금속 결합을 만들어 낸다. 최외각 전자가 6개인 산소 원자의 경우 최외각 전자 6개 중 2개씩을 서로 공유함으로써 공유 결합을 만들어 낸다.

연필심으로 다이아몬드를 만들어라!

앞에서 다이아몬드는 탄소 원자의 결합으로만 이루어진 물질이라고 했다. 그런데 탄소 원자로만 이루어진 물질이 또 있다. 바로 흑연이다. 이상한 것은 다이아몬드는 최고로 비싼 보석이지만, 흑연은 값싼 연필심이라는 것이다. 분명히 같은 탄소라는 원자로 이루어진 물질인데, 왜 이런 차이가 나는 걸까? 이 차이는 두 물질의 화학 결합과 결정 구조가 다르기 때문에 나타난다.

어차피 같은 원소로 이루어진 물질인데 혹시 흑연을 다이아몬드로 변화시킬 수는 없을까? 호기심 많은 사람들이 이런 생각을 하지 않을 리 없다. 그리고 여러 사람들이 실제로 이런 시도를 해 보았다. 그러나 쉽지 않았다.

흑연에 고온·고압을 가해 원자의 배열을 바꾸면 다이아몬드로 변하게 된다. 그러나 문제는 고온과 고압의 정도다. 1,400℃의 온도에 55,000 기압 이상의 조건이 필요한데, 이런 조건을 만드는 것은 불가능했다.

그런데 놀랍게도 1955년, GE연구소에서 1,700℃의 온도와 75,000

흑연 성분의 연필심

기압의 조건에서 처음으로 다이아몬드를 합성해 냈다. 이후 기술은 더욱 발전해 지금은 좀 더 낮은 온도, 낮은 압력에서 다이아몬드를 합성하는 기술들이 개발되고 있다.

그런데 이렇게 합성된 다이아몬드는 보석으로서의 가치는 없다고 한다. 그럼 헛수고만 한 셈일까? 그렇지는 않다. 인공 다이아몬드는 대부분 공업용으로 쓰인다고 한다. 오늘날 인공 다이아몬드는 미국·스웨덴·남아프리카공화국·일본 등에서 대량으로 합성되어 공업용으로 널리 사용되고 있다.

천연 다이아몬드와 인공 다이아몬드는 보통 사람의 눈으로는 구별하기 어렵다. 오직 전문가만 식별할 수 있다. 천연 다이아몬드가 인공 다이아몬드보다 결정의 배열이 고르고 세밀하게 분포되어 있다.

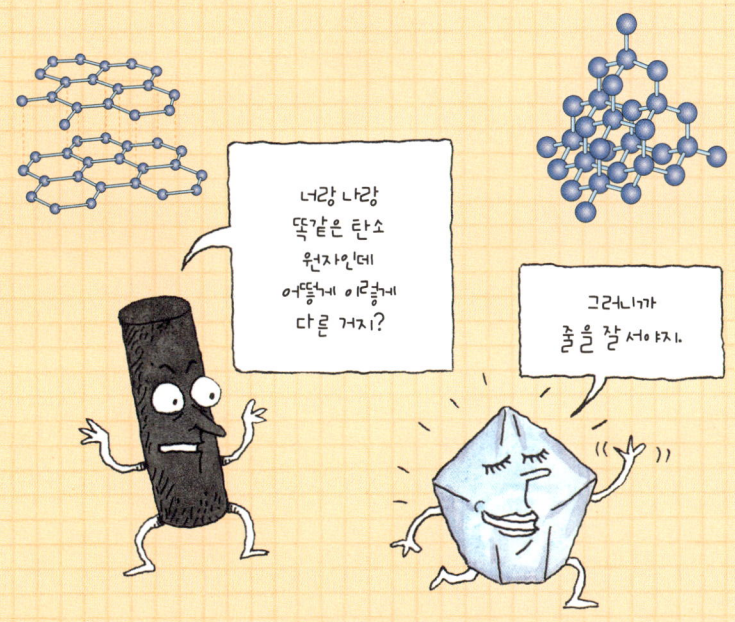

질량 보존의 법칙 09

중학교3 과학
5. 물질 변화에서의 규칙성 / 화학 반응에서의 질량 관계

화학 반응 전후의 총 질량은 서로 같다

저울은 고대부터 사용해 왔다. 근대까지만 해도 단순히 상품의 양을 측정하는 도구로 이용되거나 광석의 성분을 분석하는 용도 정도로만 사용했다. 이후 기술이 발달하고 점점 더 정밀한 저울이 개발됨으로써 저울은 화학의 발전에 크게 공헌하게 된다.

저울과 관련하여 우리는 근대 화학의 아버지라고 불리는 위대한 과학자 한 명을 만날 수 있다. 그 동안 몇몇 학자들이 '질량은 보존된다'라는 주장을 내놓기는 했지만 이를 과학적으로 증명하지 못했다. 이에 프랑스의 화학자 라부아지에는 이것을 증명해 보이겠다는 강렬한 의지에 불타올랐다.

그는 공기가 든 밀폐된 플라스크 안에서 수은을 가열하는 실험을 했는데 며칠 후 플라스크 안에 남아 있는 기체의 질량은 감소하고, 붉은색의 새로운 물질이 생긴 것을 발견했다.

화학 반응을 통해 '질량 보존의 법칙'을 발견한 라부아지에

이번에는 거꾸로, 새로 생긴 물질(산화수은)을 강하게 가열하였더니 어떤 기체(산소)와 수은으로 다시 분해가 되었다. 이 실험 과정에서 그는 당시의 정밀 저울로 반응 전과 후의 질량을 측정하였는데, 반응 전과 후의 질량이 서로 같다는 사실을 알아냈다.

그 후 라부아지에는 여러 번의 반복 실험을 통해 결국 화학 반응이 일어날 때도 질량은 보존된다는 것을 증명해 냈다. 라부아지에는 정밀한 저울을 이용한 측정을 통하여 질량 보존을 증명한 최초의 과학자가 된 것이다. 라부아지에의 증명은 후에

'질량 보존의 법칙'으로 인정받게 되었다. 그리고 후세 사람들은 그의 위대한 발견을 기려 '근대 화학의 아버지'라고 부른다.

라부아지에의 실험을 간단히 식으로 나타내면 다음과 같다.

수은 + 산소 = 산화수은
산화수은 = 수은 + 산소

질량 보존의 법칙

화학 반응이 일어나기 전 물질의 총 질량과 화학 반응이 일어난 후에 생성된 물질의 총 질량이 서로 같다는 법칙. 라부아지에가 발견했다.

즉, 수은을 가열하였더니 산소와 결합하여 산화수은이 생성됐고, 이때 '수은 + 산소'의 질량과 산화수은의 질량이 서로 같았다. 그리고 이 산화수은을 다시 분해하였더니 수은과 산소가 생성됐고, 이때 산화수은의 질량과 '수은 + 산소'의 질량 역시 서로 같았다.

라부아지에는 이 같은 결과를 종합하여 화학 반응이 일어나기 전 물질의 총 질량과 화학 반응 후에 생성된 물질의 총 질량은 서로 같다는 '질량 보존의 법칙'을 발견한 것이다.

이러한 질량 보존의 법칙이 가능한 이유는 물질이 화학 반응을 일으키더라도 물질을 구성하는 원자가 기본적으로 변하지 않기 때문이다. 즉, 원자 자체는 변하지 않고 원자들의 결합 방식이나 배열이 변함으로써 새로운 물질이 생기는 것이 화학 반응의 실체인 셈이다. 따라서 질량 보존의 법칙을 증명한 것은 곧 화학 반응의 실체에 근접할 수 있는 길을 열어 준 것과 같다.

종이의 질량과 태운 재의 질량은 같을까

그런데 아직도 '종이를 태우면 재만 남던데, 재의 질량이 어떻게 태우기 전 종이의 질량과 같단 말입니까?'라고 질문하는 사람들이 있다.

물론 보기에는 다른 것처럼 보이지만 이 경우에도 서로 같다. 이건 정말 아닌 것 같다고?

여기서 많은 사람들은 착각(?)을 한다. 눈에 보이지 않는 것을 놓친다는 말이다. 즉, 종이가 탈 때 발생하는 것에는 눈에 보이는 재만 있는 것이 아니고, 눈에 보이지 않는 기체(수증기와 이산화탄소)도 있다. 이 기체의 질량까지 합하면 여전히 질량이 보존된다는 것을 확인할 수 있다.

기체의 질량도 알 수 있을까

강철을 실처럼 만들어 뭉쳐 놓은 것을 강철솜이라고 한다. 만약 이 강철솜을 태워도 종이처럼 가벼운 재가 남고 보이지 않는 기체가 발생할까?

그러나 이 경우 전혀 다른 결과가 나온다. 처음 강철솜의 질량과 다 탄 후 남은 재의 질량을 재 보면 오히려 재의 질량이 더 크게 나온다.

도대체 어찌 된 걸까? 질량 보존의 법칙이 잘못된 것은 아닌가? 이것을 이해하기 위해서는 강철솜이 타는 반응에 대해 제대로 이해해야 한다. 강철솜이 타는 반응은 다음과 같이 일어난다.

강철솜 + 산소 = 산화철

　강철솜을 태우면 강철솜과 공기 중의 산소가 서로 결합하여 산화철이라는 새로운 물질이 생성된다. 그래서 생성된 물질(산화철)이 처음 강철솜보다 질량이 더 큰 것이다.
　결국 강철솜과 화학 결합을 한 산소의 질량의 합과 산화철의 질량을 비교하면 정확히 일치한다는 것을 알 수 있다. 즉, 이 경우도 질량 보존의 법칙이 성립하는 것이다.

① 종이의 무게를 잰다.
② 종이를 태운 재의 무게를 잰다.
③ 종이의 무게에서 재의 무게를 빼면 연기의 무게가 나온다!

분자의 질량과 정체를 밝히는 질량분석기

　요즘은 과거에는 상상하지도 못했던 초정밀 기계들이 개발되어 화학의 발전에 이바지하고 있다. 그 중에서도 특히 물질의 정체를 밝히는 매우 유용한 장비 중의 하나로 '질량분석기'를 꼽을 수 있다.

질량분석기는 큰 에너지를 가진 전자들로 분자에 충격을 가해 전하를 띤 이온을 생성시킨 다음 전기장과 자기장에 통과시켜 분자의 질량을 알아내는 장비이다. 이때 질량에 따라 전기장이나 자기장에서 휘어지는 정도가 달라지므로, 이를 측정함으로써 분자의 질량을 알아낼 수 있다.

한편, 분자에 큰 에너지를 가진 전자를 충돌시키면 분자가 전자 하나를 잃어서 이온이 생길 뿐만 아니라, 분자가 작은 조각으로 쪼개지는 경우도 있어서 여러 종류의 질량을 가진 분자 파편들이 만들어지게 된다. 이때 분자의 종류에 따라 생겨날 수 있는 파편의 종류도 달라지기 때문에, 질량분석기에서 얻은 전기장과 자기장의 스펙트럼을 통하여 분석해 보면 미지의 물질이 어떤 원자들이 결합되어 만들어진 것인가를 정확하게 알아낼 수 있다.

분자의 질량을 측정하는 질량분석기

이외에도 최근에는 전자 공학의 발전에 힘입어 분자량이 수만에 이르는 고분자의 분자량도 정확하게 측정할 수 있는 고성능 질량분석기도 나왔으며, 질량분석기에서 얻은 정보를 이미 구축되어 있는 데이터베이스와 비교하여 컴퓨터가 직접 분자의 정체를 알려 주는 편리한 장비도 개발되어 사용되고 있다.

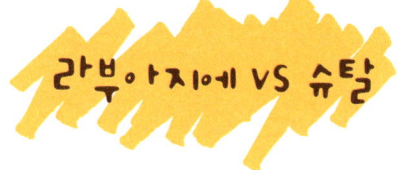

　18세기 화학자들의 관심거리 중 하나가 물질의 연소 현상을 과학적으로 밝혀내는 것이었다. 당시까지는 17세기에 슈탈이 주장한 플로지스톤설이 가장 유력한 상태였다. 플로지스톤설이란 물질이 재와 플로지스톤이란 성분으로 구성되어 있다고 보는 가설로서, 물질을 태울 때 가벼워지는 것은 플로지스톤이 날아가고 재만 남기 때문이라고 설명한다.

　그러나 금속을 태우면 오히려 무거워지는데, 플로지스톤설로는 이 현상을 정확하게 설명하지 못하는 문제점이 있었다. 이에 라부아지에는 플로지스톤설을 반박하며 연구를 시작했다. 라부아지에는 금속을 밀폐된 용기에 넣고 태우는 실험을 했다. 그런데 놀라운 사실을 발견했다. 즉, 금속이 탄 후에 용기를 채우고 있던 기체의 양이 줄어든 사실을 발견하게 된 것이다. 더 놀라운 것은, 이때 줄어든 공기의 양과 금속이 타면서 늘어난 양이 정확히 같다는 사실이었다.

　라부아지에는 이후에도 여러 물질로 실험을 반복했다. 그리고 슈탈의 플로지스톤설은 완전히 잘못된 것이라는 사실을 밝혀내게 되었다. 즉, 물질이 타는 현상은 공기 중의 산소와 반응하는 것이며, 특히 금속이 탈 때 질량이 늘어나는 것은 금속이 탈 때 공기 중의 산소와 결합하기 때문이라는 사실을 밝혀낸 것이다. 이때 라부아지에가 밝혀낸 연소 이론은 오늘날에도 그대로 통용되며, 이러한 업적 때문에 라부아지에를 근대 화학의 아버지라고 부른다.

아인슈타인, 질량 보존의 법칙을 무너뜨리다!

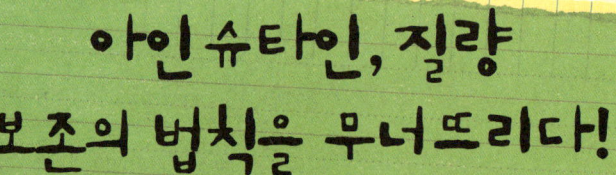

20세기 최고의 과학자로 일컫는 아인슈타인이 질량 보존은 성립하지 않는다고 반박하고 나왔다. 기껏 열심히 배웠는데 이게 도대체 무슨 뚱딴지 같은 소리냐고? 그러나 아인슈타인의 이론대로라면 핵반응의 경우에는 질량 보존이 성립하지 않는다!

아인슈타인은 그의 유명한 특수 상대성 이론에서 질량과 에너지 사이의 관계를 설명하였다. 이것을 식으로 나타내면 $E=mc^2$인데, 여기서 m은 질량, c는 빛의 속도이다. 이 식을 주의 깊게 보면 질량(m)은 에너지(E)와 관계가 있다는 것을 알 수 있다.

'물이 끓는다'는 예를 통해 왜 핵반응에서 질량이 보존되지 않는지 알아보도록 하자.

이 현상을 그냥 라부아지에의 시각으로 보면 물이 끓기 전후의 질량은 당연히 보존된다. 그러나 아인슈타인의 시각에서 보면? 아쉽지만 성립하지 않는다. 새로운 그의 이론 때문이다.

즉, 물을 끓일 때는 에너지를 가하는 것이므로 아인슈타인의 공식에 의하면 실제로는 물의 질량이 조금씩 증가하는 것이 된다. 그러나 이 질량 차이는 너무 미세하기(측정 불가능할 정도) 때문에 '화학 반응에서는 질량 보존의 법칙이 성립한다' 는 사실을 인정하고 있다. 그래서 지금 교과서에서도 이 법칙을 그대로 사용한다.

그러나 핵반응에서는 이 사실을 그대로 인정하기 힘들다. 핵반응에서는 엄청난 에너지가 발생하므로 질량의 손실이 크다. 그래서 이 질량 차이는 측정이 가능하다. 따라서 핵반응에서는 질량 보존의 법칙이 성립하지 않는다.

단, 에너지까지 포함한 '질량 에너지 보존의 법칙(?)' 이 있다면 이것은 성립될 수 있다.

일정 성분비의 법칙 10

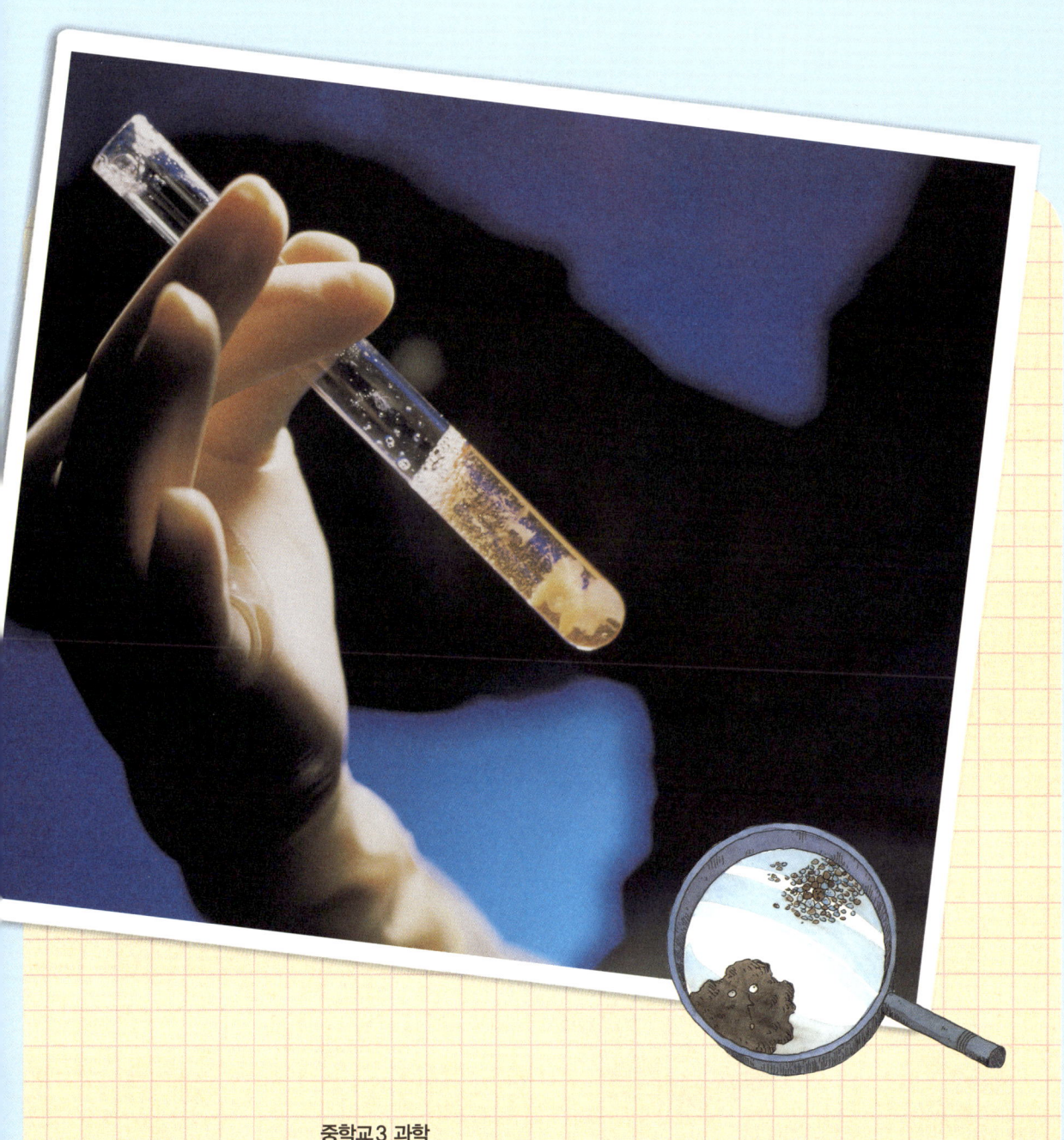

중학교 3 과학
5. 물질 변화에서의 규칙성 / 화학 반응과 물질의 성분비

물질 반응에는 규칙이 있다

축구 경기에는 엄격한 규칙이 있다. 이 규칙대로 선수들은 움직여야 하며, 만약 이를 어길 경우 경고를 받거나 심하면 퇴장당하기도 한다. 축구 경기에 규칙이 있듯이 물질의 반응에도 규칙이 있다.

철과 황을 그냥 단순히 섞는 경우, 어떤 비율로 섞을까 하는 것은 섞는 사람 마음에 달려 있다. 하지만 철과 황이 반응하여 새로운 물질인 황화철을 만들 때에는 이야기가 완전히 달라진다. 섞어 주는 비율대로 그냥 반응이 일어나는 것이 아니라 철 성분과 황 성분 사이에 일정한 비율로만 반응한다.

예를 들면, 철 10g과 황 4g을 가열하면 모두 다 반응하지 않고 철 7g과 황 4g만 반응하여 11g의 황화철이 생긴다. 철 3g은 반응하지 않고 남게 된다. 이 반응에서 우리는 물질들이 반응할 때 뭔가 규칙을 지키고 있다는 사실을 엿볼 수 있다.

혼합물과 화합물의 동상이몽

한자 성어 중에 '동상이몽'이라는 말이 있다. 겉으로는 같은 행동을 하지만 속으로는 딴 생각을 하고 있다는 것을 비유할 때 쓰는 말이다.

화학에서 혼합물과 화합물이 바로 동상이몽의 관계이다. 우선, 그 상태부터 살펴보자. 앞에서 다룬 철과 황의 반응을 다시 떠올려 보라. 철과 황을 단순히 섞어 놓은 것은 혼합물이다. 그리고 철과 황을 반응시켜 새롭게 생성된 황화철은 화합물이다.

철과 황의 혼합물의 경우 돋보기로 관

찰하면 철과 황을 그대로 관찰할 수 있다. 즉, 혼합물이란 처음 성질을 잃지 않고 단순히 섞여만 있는 물질이다. 우리 주변의 혼합물로는 설탕물, 소금물, 흙탕물 등을 들 수 있다.

이제 황화철 화합물을 보자. 황화철을 아무리 돋보기로 관찰하고 뜯어봐도 철과 황의 처음 모습은 찾아볼 수 없다. 즉, 화합물은 성질이 처음과 완전히 다른 새로운 물질이다.

혼합물

2가지 이상의 순물질이 반응이 일어나지 않은 채 섞여만 있는 것이다. 혼합물은 물리적인 방법을 통해 각각의 순물질로 분리할 수 있다. 또한, 설탕물처럼 어느 부분에서나 조성이 일정한 혼합물을 균일 혼합물이라 하고, 흙탕물과 같이 조성이 일정하지 않은 혼합물을 불균일 혼합물이라고 한다.

규칙의 비밀이 밝혀지다

이제 '규칙'의 비밀을 밝힐 때가 된 것 같다.

우리 주변에 가장 흔한 물을 예로 들어 보자. 이 물은 수소와 산소가 화합하여 만들어진다. 이때 어떤 규칙이 적용되는지 보자.

가만히 생각해 보면, 눈에 보이지도 않는 두 기체가 만나 물이 만들어진다니 신기하기만 하다. 그런데 거기에 규칙까지 있다니!

물을 만들 때 수소와 산소는 1 : 8의 질량비로만 반응한다. 예를 들어, 수소가 1g 있다면 산소가 제아무리 많더라도 그 중 8g만 반응할 수

화합물

둘 이상의 원소의 원자가 화합하여 생긴 물질로서, 순물질이다. 화합물은 물리적인 방법을 통해 분리할 수는 없으며, 화학적인 방법으로 분해한다.

있다는 뜻이다. 수소 2g의 경우는? 역시 1 : 8의 질량비니까 산소 16g만 반응한다.

철과 황의 경우도 마찬가지다. 철과 황은 반드시 7 : 4의 질량비로만 반응한다. 여기에 다른 어떤 규칙도 적용되지 않는다. 그래서 이 규칙은 화학에서 중요한 위치를 차지하게 되었다. 화학에서는 이 규칙을 '일정 성분비의 법칙' 이라고 부른다.

그런데 이 일정 성분비의 법칙이 무조건 성립하는 것은 아니다. 앞에서 말한 혼합물과 화합물의 동상이몽이 기억나는가? 일정 성분비의 법칙은 혼합물에는 적용되지 않고, 물이나 황화철 같은 화합물에만 적용된다.

혼합물에는 왜 적용되지 않을까? 우리가 설탕물을 탈 때 설탕과 물의 질량비가 꼭 일정해야 할 필요는 없다. 설탕을 좀 많이 넣으면 단맛이 진한 설탕물이 되고, 설탕을 좀 적게 넣으면 밋밋한 설탕물이 된다. 즉, 혼합물의 경우에는 이 엄격한 규칙으로부터 자유롭기 때문에 혼합 비율이 다른 여러 종류의 혼합물을 만들 수 있다.

아름다운 물질의 규칙

물처럼 투명한 두 용액을 섞었더니 갑자기 아름다운 노란색 물질이 생기면서 장관을 만들어 낸다. 사실 이 노란색 물질은 요오드화납이라는 물질이다. 이 물질은 요오드화칼륨 수용액에 질산납 수용액을 그냥 붓기만 해도 만들어진다.

요오드화칼륨 수용액과 질산납 수용액이 반응하여 노란색 요오드화납이 만들어진다.

그런데 이 과정에서 노란색 요오드화납이 무한정 계속 만들어지지는 않는다.

이 사실을 확인하기 위해 다음과 같은 실험을 해 보았다.

일정량의 요오드화칼륨 수용액이 담겨 있는 6개의 시험관에 같은 농도의 질산납 수용액의 양을 조금씩 달리하며 반응시켜 보았다.

실험 결과, 바닥에 가라앉는 노란색 물질의 양이 점점 증가하다가 어느 순간부터는 더 이상 증가하지 않는다는 사실을 발견하였다. 이 사실은 아래의 그래프를 통하여 확인할 수 있다.

　이 결과는 우리에게 일정량의 요오드화칼륨 수용액과 반응하는 질산납 수용액의 양도 일정하다는 사실을 알려 준다. 즉, 요오드화칼륨과 질산납이 서로 반응을 일으킬 때에도 일정 성분비의 법칙이라는 엄격한 규칙이 지켜지고 있다는 사실을 알 수 있다.

▶ 요오드화칼륨 수용액과 질산납 수용액을 이용한 일정 성분비의 법칙 실험

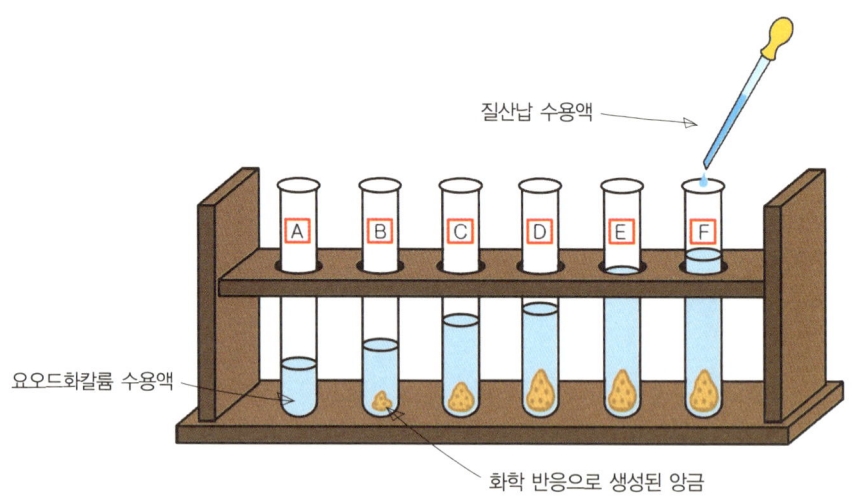

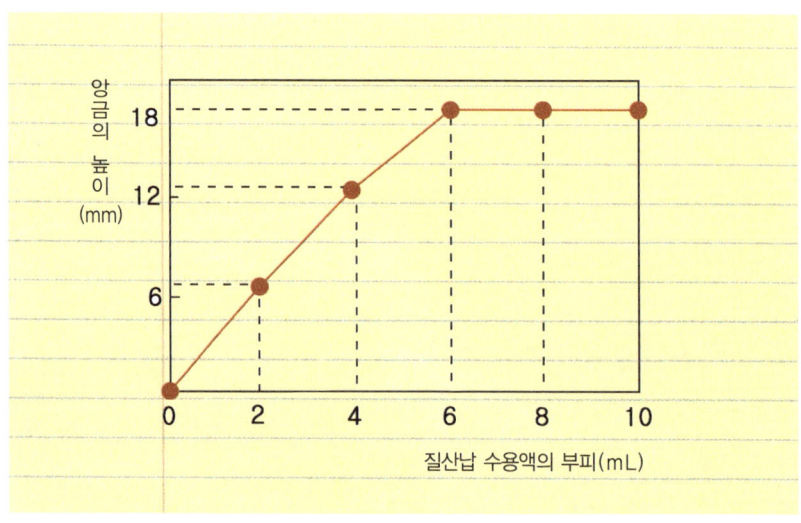

일정 성분비의 법칙에 제동을 건 베르톨레

1799년, 프루스트가 일정 성분비의 법칙을 내놓자 고개를 갸우뚱한 사람이 있었다. 그는 다름 아닌 프랑스의 베르톨레였다.

베르톨레는 당시 유명한 과학자인 라부아지에의 친한 친구이자 최고의 권력가 나폴레옹의 친지였으며 프루스트의 친구이기도 했다.

두 사람의 논쟁은 이미 앞에서도 밝혔듯이 프루스트의 승리로 끝났다. 즉, 베르톨레가 사례로 주장했던 구리의 황화물과 철의 산화물에는 2종류 이상이 있다는 사실이 밝혀지면서 오히려 프루스트의 주장이 정확하다는 것을 증명하는 사례가 되고 말았다.

그런데 현대의 화학에서는 몇 가지 예외의 경우가 있음을 인정하고 있다. 즉, 대부분의 화합물은 일정 성분비의 법칙이 잘 성립되나 일부는 그렇지 않은 경우도 있다는 것이다. 이러한 화합물들은 베르톨레를 기념하여 '베르톨라이드 화합물'이라고 한다.

과학에서는 많은 '법칙'이 등장하지만 불행하게도 항상 '예외'가 있다. 처음 발견 당시의 과학 수준으로는 분명해 보였던 것들도 시간이 흐르고 과학 기술이 발전하면서 새로운 예외들이 발견되는 경우가 많다. 돌턴의 원자설이 그렇고, 질량 보존의 법칙과 일정 성분비의 법칙도 그렇다.

 과학자 노트

베르톨레
(Claude-Louis Berthollet, 1748~1822) 프랑스의 화학자이고, 뛰어난 염색술로 유명하다. 최초로 염소를 표백에 사용했고, 일정량의 철에 결합하는 산소의 양이 변하는 것을 발견하여 프루스트의 일정 성분비의 법칙과 논쟁을 벌였다. 이외에 베르톨레는 화학 반응에서 발생하는 주요 현상인 가역 반응과 화학 평형 등을 알아냈다.

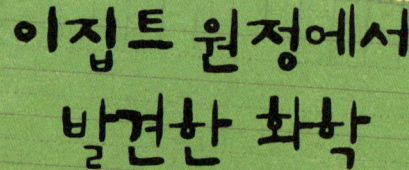

이집트 원정에서 발견한 화학

1789년 나폴레옹은 수만 명의 군사를 이끌고 이집트로 향했다. 나폴레옹의 명분은 문명의 발상지인 이집트에서 유럽의 문화가 꽃피게 되었으므로, 원래의 발상지에 그 문화를 돌려준다는 것이었다.

그러나 명분만 그러했을 뿐 실제로는 영국이 인도로 진출하는 것을 방해할 목적이었다. 나폴레옹은 이집트 원정에서 수많은 사람들을 학살했고, 이집트의 유물과 문화재를 빼앗아 갔다. 나폴레옹이 약탈한 유물들은 지금도 프랑스 루브르 박물관에 전시되어 있다.

나폴레옹은 자신의 명분을 정당화하기 위해서 100명이 넘는 학자들까지 원정에 함께하도록 했다. 학자들 중에는 푸리에와 같은 저명한 수학자나 염소 연구로 유명했던 베르톨레 등도 포함되어 있었다.

베르톨레는 1785년 당시 '모든 산은 산소를 함유하고 있다'는 라부아지에의 가설에 맞서 염산, 붕산, 플루오르화수소산 등은 산소를 함유하지 않는다는 것을 밝혀냈다. 또한 표백에 염소를 활용하는 방법을 발견하여 당대 최고의 염색 기술을 보유한 사람으로 유명세를 타기도 했다. 염색을 하기 위해서는 먼저 옷감을 표백해야 하는데 베르톨레의 새로운 표백법이 아주 유용했던 것이다. 이외에도 화약을 만드는 법이나 강철 만드는 법 등을 발전시켜 당시 프랑스의 공업 발전에 이

바지했다.

　나폴레옹의 명령으로 이집트 원정에 참가하게 된 베르톨레는 화학 역사에 있어서 매우 의미 있는 발견을 하게 된다. 베르톨레는 어느 날 나트론 호수를 지나게 되었는데 그곳에서 천연소다(탄산나트륨)가 석출되고 있는 것을 보게 되었다. 그는 이러한 현상을 '모든 화학 반응의 진행은 반응 물질의 양과 그들 물질의 친화력에 의해 좌우되는데, 새로 생성된 물질끼리 반응하여 반응 전의 물질로 되돌아가는 반응도 동시에 진행되므로 화학평형이 이루어진다'고 설명했다.

　베르톨레의 설명은 그 동안 추측으로만 인정되고 있던 '친화력'이란 개념과 '가역반응', '화학평형'이라는 개념을 보다 근대적으로 설명한 것으로 이후 화학 발전에 크게 기여하였다.

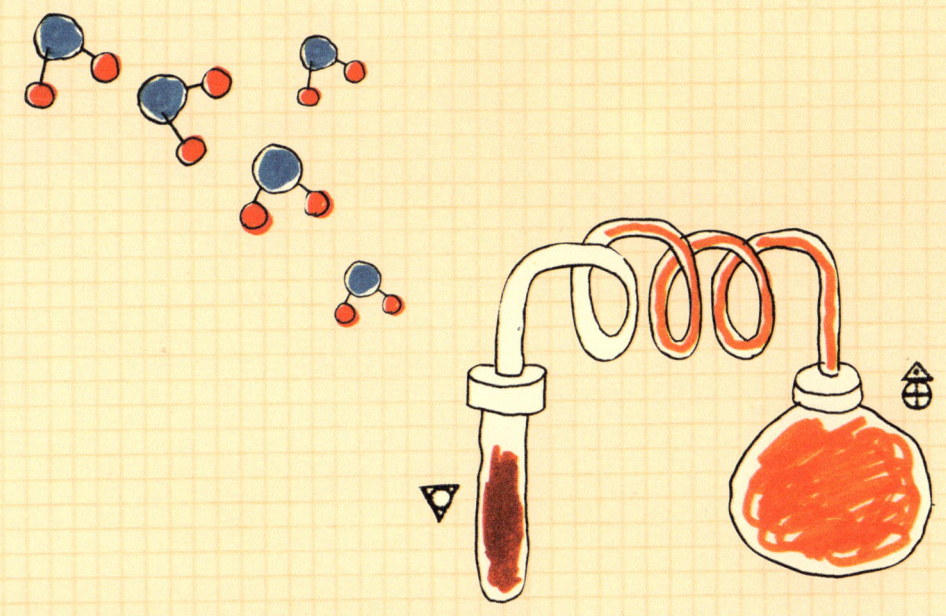

전해질과 이온 11

고등학교 과학
3. 물질 / 전해질과 이온

쿨롱의 힘

전하를 띠고 있는 두 물체 사이에는 반드시 어떤 전기적인 힘이 작용하는데, 이를 쿨롱의 힘이라고 부른다. 쿨롱의 힘 역시 두 물체 사이의 거리에 반비례한다는 점에서는 만유인력과 비슷하지만, 만유인력이 두 물체를 끌어당기는 방향으로만 작용하는 데 비해서, 쿨롱의 힘은 두 전하의 부호에 따라서 서로 끌어당기는 쪽으로 작용하기도 하고, 밀치는 쪽으로 작용하기도 한다.
같은 부호를 가진 전하 사이에는 서로 밀어내는 척력이 작용하고, 반대의 부호를 가진 전하 사이에는 서로 끌어당기는 인력이 작용하는 것이다.

소금의 정체를 밝혀라

고체 상태의 소금은 전류가 흐르지 않지만 물에 녹아 소금물이 되면 전류가 흐른다. 반면에 설탕의 경우에는 고체일 때나 설탕물이 되었을 때나 모두 전류가 흐르지 않는다.

소금처럼 물에 녹아 전류가 흐르는 물질을 전해질이라 하고, 설탕처럼 물에 녹아도 전류가 흐르지 않는 물질을 비전해질이라고 한다. 그런데 소금과 설탕은 왜 이러한 차이를 보이는 것일까?

소금을 화학에서는 염화나트륨이라고 부른다. 그 이름에서 알 수 있듯이 염소와 나트륨이 화합한 물질이다. 그리고 염화나트륨에서 나트륨 쪽은 나트륨 원자가 전자 한 개를 잃어 (+)전하를 띤 채로 존재하고, 염소 쪽은 염소 원자가 전자 한 개를 얻어 (−)전하를 띤 상태로 존재한다.

이와 같이 전자를 잃거나 얻어 전하를 띤 입자를 이온이라 하며, (+)전하를 띤 입자를 양이온, (−)전하를 띤 입자를 음이온이라 부른다.

염화나트륨에서 나트륨은 양이온인 나트륨 이온으로 존재하고, 염소는 음이온인 염화 이온으로 존재하므로 서로 정전기적 인력인 쿨롱의 힘에 의해 묶이는 것이다.

고체 결정 상태에서는 이온들이 규칙적으로 배열된 채 움직일 수 없지만, 일단 물에 녹게 되면 이온들이 자유롭게 움직일 수 있다. 따라서 수용액 상태에서는 전압을 걸어 주면 이온들이 반대 전극으로 이동하며 전류가 흐른다.

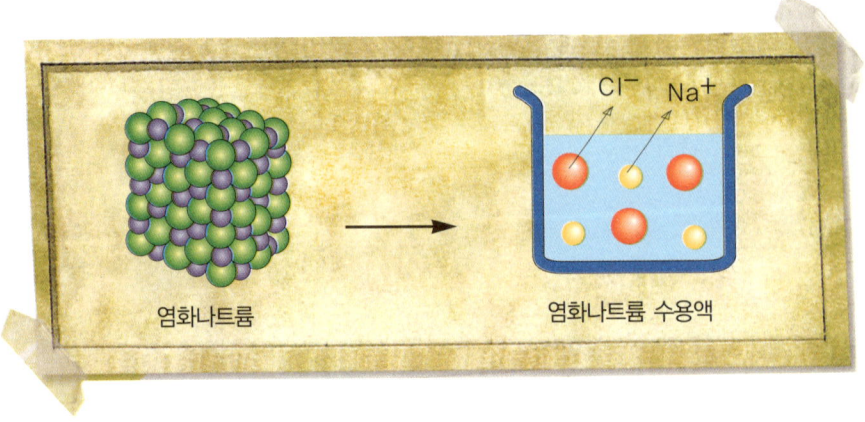

염화나트륨 → 염화나트륨 수용액

하지만 설탕은 이온으로 이루어진 물질이 아니기 때문에 물에 녹아도 그냥 중성인 설탕 분자 상태로 존재할 뿐이다. 자유롭게 움직일 수 있는 이온이 없으므로 전류가 흐를 수 없다.

이온에도 이름이 있다

분자를 분자식으로 나타내듯이 이온도 이온식으로 나타낸다. '식'이라고 하면 복잡하다는 것을 먼저 떠올리지만, 사실 식은 오히려 문제를 간단하게 하기 위해 만들어진 것이다. 이온식도 이온을 좀 더 단순하게 나타내기 위해 만들어진 것임을 명심하도록 하자.

이온식은 복잡하게 생각할 필요 없이, 기존의 원소 그 기호의 오른쪽 위에 + 또는 − 부호를 붙여서 나타낸다. 즉, 양이온의 경우 +, 2+, 3+ ……로, 음이온의 경우 −, 2−, 3− ……로 표시하면 된다. 여기서 1, 2, 3의 의미는 잃거나 얻는 전자 수를 가리키며, 1은 생략한다.

예를 들어 나트륨 원자가 전자를 1개 잃어 생성된 나트륨 이온은 Na^+, 염소 원자가 전자를 1개 얻어 생성된 염화 이온은 Cl^-이다. 또, 구리 원자가 전자를 2개 잃어 생성된 구리 이온은 Cu^{2+}, 황 원자가 전자를

2개 얻어 생성된 황화 이온은 S^{2-}이다. 기존의 원소 기호와 달라진 것은 오른쪽 위에 붙은 기호뿐이다.

그런데 눈치가 빠른 학생은 이온의 명칭이 원자 이름과는 약간 다르다는 것을 눈치챘을 것이다.

그렇다. 양이온은 나트륨 이온, 칼륨 이온, 구리 이온과 같이 원소의 이름 뒤에 이온만 붙여 부른다. 그리고 음이온은 플루오르화 이온, 브롬화 이온, 요오드화 이온과 같이 원소의 이름 끝에 '-화 이온'을 붙여 부른다. 단 염화 이온, 산화 이온처럼 염소와 산소의 경우에는 '소'를 '화'로 바꾼 후 이온을 붙여서 부른다.

찰떡궁합의 이온들, 앙금을 만들다

오래된 보일러 관의 안쪽을 들여다보면 돌같이 생긴 고체 물질이 덕지덕지 붙어 있는 것을 볼 수 있다. 관에 낀 돌이라는 의미로 '관석'이라고 부르는데, 이와 같은 현상은 지하수와 같은 센물을 사용할 경우 더욱 심해진다.

그러나 보일러 기술자가 아니고서야 그 안을 들여다볼 일은 별로 없다. 그렇다면 물병이나 주전자 바닥 같은 데 낀 물때를 생각해도 된다. 분명히 깨끗한 물만 사용했는데, 도대체 이런 물때는 어디서 생겨났을까?

깨끗하게 보이는 물일지라도 그 속에는 다양한 이온들이 녹아 있다. 관석이나 물때가 생기는 까닭은 물에 원래 녹아 있던 칼슘 이온이 반응에 참여하기 때문이다.

물속의 칼슘 이온은 탄산 이온과 만나면 서로 화학 결합하여 탄산칼슘을 만드는데, 탄산칼슘은 물에 녹지 않으므로 관석이나 물때와 같은 앙금으로 남는다. 한편 칼슘 이온과 반응하는 탄산 이온은 공기 중의 이산화탄소 기체가 물에 녹을 때 만들어진다. 이와 같은 과정을 통해 아무것도 없는 것처럼 보이는 물에서 단단한 관석이 생긴 것이다.

이외에도 이온들 중에는 서로 반응하여 물에 녹지 않는 앙금을 생성하는 것들이 있다. 이러한 앙금 생성 반응에는 여러 종류가 있으며, 이를 이용하면 이온을 쉽게 검출할 수도 있다.

우리가 먹는 수돗물의 경우 소독을 위해 염소를 사용하고 있기 때문에 수돗물 속에는 염화 이온이 남아 있다. 염화 이온은 은 이온과 반응하여 흰색 앙금을 형성하므로 수돗물에 질산은처럼 은 이온을 포함한 물질을 넣으면 뿌옇게 흐려진다.

이처럼 은 이온이 포함되어 있는 질산은 수용액을 이용하면 미지의 물속에 염화 이온이 포함되어 있는지 구별해 낼 수 있게 된다. 즉, 질산은 수용액을 부었을 때 물이 뿌옇게 흐려지며 흰색 앙금이 생기면 그 물에는 염화 이온이 포함되어 있다는 뜻이 된다.

또, 폐수 속의 납 이온, 카드뮴 이온 등의 중금속을 검출하는 데 앙금

센물

칼슘 이온이나 마그네슘 이온이 많이 들어 있는 물로, 우물물, 온천수, 지하수 등이 대개 센물에 속한다. 센물에 비누가 잘 풀리지 않는 이유는 이 이온들 때문이다. 비누의 주성분은 물에 잘 녹는 지방산 나트륨인데, 칼슘 이온과 마그네슘 이온이 비누 속의 나트륨 이온과 교체되어 물에 녹지 않는 지방산 칼슘과 지방산 마그네슘이 형성되기 때문이다.

하천 수질 검사에도 이용되는 앙금 생성 반응

생성 반응을 활용하기도 한다. 납이나 카드뮴 같은 중금속은 하천의 생물은 물론 인체에도 치명적인 피해를 주기 때문에 하천으로 흘러드는 것을 철저하게 막아야 한다. 특히 공장에서 버려지는 폐수에 이러한 중금속이 섞여 있을 가능성이 높기 때문에 폐수에 대한 철저한 검사와 관리가 무엇보다 중요하다.

그런데 폐수에 중금속이 들어 있는지를 눈으로는 확인할 수 없다. 따라서 특정 중금속들과 쉽게 반응을 일으켜 앙금을 생성해 내는 이온 물질을 활용하게 된다. 예를 들어 황화 이온(S^{2-})은 납 이온(Pb^{2+})과 반응하여 검은색의 황화납(PbS) 앙금을 만들고, 카드뮴 이온(Cd^{2+})과 반응할 경우엔 노란색의 황화카드뮴 앙금을 만든다.

즉, 폐수에 황화 이온을 가했을 때 검은색 앙금이 생기면 그 폐수 속에는 납이 포함되어 있다는 증거가 되며, 노란색 앙금이 생기면 카드뮴이 들어 있다는 증거이다.

고흐의 그림 색깔이 변하는 이유

빈센트 반 고흐는 몇 손가락 안에 드는 세계적인 화가이다. 그의 그림을 보면 노란색 계열의 색으로 온통 도배되어 있는 듯한 느낌을 받을 때가 많다. 이 노란색 색소에는 주로 크롬산납($PbCrO_4$)이 포함되어 있다.

이외에도 여러 가지 색을 나타내는 물감에는 납이나 크롬과 같은 중금속이 포함되어 있는 경우가 많다. 이는 주로 중금속에 속하는 금속 원소들이 다른 원소와 결합하여 화합물을 만들 때 아름다운 색을 나타내는 특징이 있기 때문이다.

아마 당시 화가들은 물감 속에 이러한 중금속이 포함되어 있다는 사실을 잘 몰랐을 것이다. 그러나 이러한 중금속은 시간이 지나면서 문제를 일으킨다. 고흐의 작품과 같은 세계적인 명화들이 오늘날 대기 오염을 일으키는 공기 성분들과 만나면 색이 변할 수도 있다. 물감의 중금속 성분과 대기 오염을 일으키는 기체가 서로 화학 반응을 일으킬 수 있기 때문이다.

예를 들어 노란색을 나타내는 물감의 납 성분이 대기 중의 황 성분(주로 황화수소(H_2S)로 존재)과 반응하게 되면 황화납(PbS)이라는 검은색 앙금을 만든다. 즉, 그림의 노란색이 화학 반응 때문에 검은색으로 변할 수도 있다는 이야기다. 따라서 명화를 오랫동안 보존하기 위해서는 각별한 보존 방법이 필요하다.

$$PbCrO_4(노란색) + H_2S \rightarrow PbS(검은색) + H_2CrO_4$$

뽀빠이는 신장병에 걸려 죽었다?

"뽀빠이, 살려 줘요~."

가냘픈 올리브의 다급한 목소리가 들리면 어디선가 우리의 영웅 뽀빠이가 시금치 캔을 들고 나타난다. 시금치를 먹으면 힘이 세지는 뽀빠이는 1930년대 미국에서 만든 만화 영화의 주인공이다. 뽀빠이는 우리나라에서도 1970~1980년대에 선풍적인 인기를 끌면서 전 세계의 시금치 판매량을 급격하게 올리는 데 커다란 공헌을 하기도 했다.

그런데 이처럼 전 세계 어린이들의 영웅이었던 뽀빠이가 신장병에 걸려 죽었다는 황당한 소문이 퍼졌다. 악당들을 한주먹에 날려 버리던 뽀빠이가 도대체 왜 신장병에 걸렸다는 것일까?

뽀빠이의 신장병 소문은 바로 그가 힘의 원천으로 삼았던 시금치 때문에 생긴 것이다. 시금치는 옥살산($C_2H_2O_4$, 수산)이란 물질을 함유한다. 이 옥살산은 우리 몸속에서 칼슘 이온과 만나면 옥살산칼슘이란 앙금 물질을 형성하여 뼈의 생성을 방해하고 심하면 신장이나 요도에 결석을 만들 수 있다.

뽀빠이가 그토록 즐겨 먹고, 전 세계 어린이들까지 힘이 세지기 위해 먹기 싫은 것도 참고 열심히 먹었던 그 시금치가 이렇게 위험한 것이었다고? 그렇다. 이론상으로는 분명 시금치는 몸에 위험할 수 있는 물질을 함유하고 있다.

하지만 실제로는 시금치에 포함된 옥살산이 우리 몸에 병을 일으킬 정도로 결석을 만들기 위해서는 매일매일 매우 많은 양을 날것으로 먹어야만 한다. 그런데 옥살산은 휘발성이 강하기 때문에 열을 가하면 공기 중으로 쉽게 빠져 나간다. 따라서 시금치는 잘 데쳐서 먹으면 아무런 문제가 없다.

또한 신기한 것은, 옥살산을 비롯한 시금치에 함유된 물질들은 떫은맛을 강하게 하기 때문에 우리는 이런 화학적 지식이 없던 옛날부터 이미 시금치를 익혀서 먹어 왔다는 것이다. 즉, 예나 지금이나 시금치를 많이 먹었다고 병에 걸린 사람은 없다. 뽀빠이도 아마 건강하게 지내고 있을 것이다.

산성 식품과 알칼리성 식품 12

고등학교 과학
3. 물질 / 산과 염기의 반응

고등학교 화학 II
3. 화학 반응 / 산과 염기의 반응

어떤 것이 산성이고, 어떤 것이 알칼리성인가

'오리 고기는 몸에 좋은 알칼리성 식품입니다.'

오리 고기를 파는 가게에 붙어 있는 홍보용 문구이다. 이처럼 우리는 생활 속에서 '산성'이나 '알칼리성'이라는 말을 자주 듣는다. 그런데 이 말이 무엇을 뜻하는지 잘 알고 쓰는 사람은 아주 드물다. 도대체 산성과 알칼리성은 무얼 뜻하는 걸까? 그리고 왜 산성은 몸에 나쁘고 알칼리성은 몸에 좋을까?

우리는 귤과 같은 과일이나 식초와 같은 물질이 '산성'이라는 사실을 알고 있다. 그것을 알 수 있는 것은 '신맛' 때문이다. 대부분의 과일은 이러한 신맛이 있으며, 산성을 띤다. 그러면 알칼리성이 몸에 좋고 산성은 좋지 않다고 했으니까, 그럼 과일도 몸에 좋지 않을까?

놀라지 말라! 과일은 산성 식품이 아니라 알칼리성 식품이다. 우리가 먹는 식품을 산성과 알칼리성으로 구분하는 기준은 일반적으로 물질을 산성과 알칼리성으로 구분하는 것과는 조금 다르다. 이때는 식품 자체가 가지고 있는 성질이 아니라, 그것이 몸속으로 들어갔을 때 산성이냐, 염기성이냐에 따라 결정한다.

과일의 경우, 그 자체는 산성이지만 우리 몸속으로 들어가면 알칼리성으로 변하기 때문에 알칼리성 식품이라는 이야기다. 그렇다면 왜 우리 몸은 알칼리성을 원할까? 이 질문에 답하기 전에 우리가 매일 먹는 밥이 산성인지 알칼리성인지 알아보도록 하자.

보통 쌀로 만드는 밥은 우리 몸속으

몸속으로 들어가면 알칼리성으로 변하는 과일

로 들어가면 산성 물질로 변한다. 따라서 우리는 매일 꾸준히 산성 물질을 먹고 있다. 그러니 우리 몸이 산성으로 변하지 않을 도리가 있겠는가! 이 정도면 왜 알칼리성 식품이 우리 몸에 좋은지 알았을 것이다.

게다가 우리 몸은 태어날 때 원래 약한 알칼리성이었다. 그런데 살아가면서 계속 산성 식품을 주로 섭취하니 알칼리성을 원할 수밖에 없다.

산성과 알칼리성을 결정하는 물질들

그러면 왜 어떤 물질은 산성이 되고, 어떤 물질은 알칼리성이 될까?

밥을 예로 들어 보자. 밥이 우리 몸속으로 들어가면 분해가 되기 시작한다. 밥은 주성분이 '탄수화물'이라는 물질인데, 이 물질이 분해가 되면 최종적으로 물과 이산화탄소로 변한다. 이 중 이산화탄소는 물에 녹아 탄산을 형성하고 결국 탄수화물은 산으로 작용하게 된다. 이러한 이유로 밥은 아쉽게도 산성 식품이 되는 것이다.

그런데 우리가 먹는 대부분의 식품들이 산성 식품이다. 단백질을 많이 포함하고 있는 육류, 달걀, 생선 등도 산성 식품인데, 그 이유는 단백질 속에 함유되어 있는 황(S), 인(P), 질소(N) 등의 원소들이 몸 안으로 들어와서 산성 물질을 만들기 때문이다. 그 외에도 우리가 좋아하는 과자, 아이스크림, 사탕, 초콜릿 등이 모두 산성 식품에 해당한다.

알칼리성 식품에는 어떤 것이 있을까

앞에서 오리 고기는 왜 알칼리성 식품이라고 했을까? 분명히 육류는 산성 식품이라고 하지 않았는가!

알칼리성 식품은 칼슘(Ca), 나트륨(Na), 칼륨(K), 마그네슘(Mg) 등의 알칼리성 무기질이 많이 함유된 식품을 말한다. 이 알칼리성 무기질이 우리 몸속에 들어가면 몸 안에 있는 물에 녹아 알칼리성을 만든다.

오리고기는 비록 육류이지만 이러한 물질들이 많이 들어 있어서 알칼리성 식품이다.

그럼 어떤 것들이 알칼리성 식품일까? 채소나 과일 같은 식물성 식품과 다시마, 미역, 김 등 해조류가 이에 속한다.

특히 우리나라의 대표 음식인 김치는 무, 배추 등의 재료에 젓갈, 고춧가루, 파, 마늘, 생강, 갓 등을 섞고 유산균을 발효시켜 익힌 것으로서 비타민 A, B, C와 칼슘, 칼륨, 철분 등이 풍부한 알칼리성 음식이다.

산성은 몸에 좋고 알칼리성은 몸에 나쁠까

우리는 상식적으로 산성 식품은 몸에 나쁘고 알칼리성 식품은 몸에 좋다고 알고 있다. 그런데 산성 식품이 무조건 몸에 나쁜 것일까?

위에서 열거했던 산성 식품을 다시 떠올려 보자. 쌀, 고기, 생선, 달걀 등, 여러분들은 이런 것들을 먹지 않고 살 수 있을까? 우리의 현실로 볼 때 거의 불가능한 이야기다.

몸에 좋다는 알칼리성 식품들로는 채소, 과일, 우유 등이 있다. 그런데 이런 것만 먹고 산다고 생각해 보라. 이는 쉽지 않은 일일 뿐만 아니라 아마 힘을 제대로 쓰지 못할 것이다.

산성 식품이 몸에 나쁘다고 산성 식품을 먹지 않고 살 수도 없고, 알칼리성 식품이 몸에 좋다고 알칼리성 식품만 먹고 살 수도 없다. 사실 우리 몸은 이 두 가지가 모두 필요하다. 그런데 왜 갑자기 산성 식품은 몸에 좋지 않고 알칼리성 식품은 몸에 좋게 되었을까?

그것은 사람들이 산성 식품만 너무 많이 먹고 알칼리성 식품은 잘 먹

유산균

포도당과 같이 단맛이 나는 당류를 분해하여 젖산을 생성하는 세균이다. 젖산은 몸에 해로운 세균이 자라지 못하도록 하는 작용을 해, 유산균을 이용한 다양한 식품을 개발하고 있다

지 않기 때문에 발생한 문제이다. 원래 우리 몸은 약한 알칼리성이다. 그런데 산성 식품만 자꾸 먹게 되면 어떻게 되겠는가? 당연히 균형이 깨지고 몸에 이상이 생길 수밖에 없다. 결과적으로, 원래 산성 식품이 나쁜 것이 아니라 산성 식품만 좋아하는 습관이 산성 식품은 나쁜 것이고 알칼리성 식품은 몸에 좋은 것으로 만들었다.

만약 우리가 알칼리성 식품 위주로 먹고 산다면 아마도 산성 식품이 좋다는 말이 나올지도 모른다. 알칼리성, 산성 따지지 말고 골고루 먹는 게 건강의 지름길이다.

산성과 알칼리성 식품이 골고루 차려진 식단

알쏭달쏭 염기성과 알칼리성

우리는 가끔 책이나 신문을 보다가 어떤 곳에서는 염기성이라 하고 어떤 곳에서는 알칼리성이라고 하는 표현을 만나게 된다. 도대체 어떤 것이 정확한 표현일까? 사실 둘 다 비슷한 뜻이지만, 정확히 말하면 염기성이 알칼리성보다 더 큰 개념으로, 이 둘은 구분해야 한다.

염기성이란 산성과 대비되는 말로 염기가 나타내는 성질을 말한다. 염기란 분자 구조 속에 'OH기'를 포함하는 물질이다. 예를 들어 수산화나트륨($NaOH$), 수산화칼슘($Ca(OH)_2$) 등과 같은 물질이 염기이다. 염기는 공통적인 성질을 나타내는데, 이 성질을 염기성이라고 한다. 염기성의 대표적인 성질로는 쓴맛이 난다거나 만지면 미끌거리는 것 등이 있다.

염기성은 대부분 염기가 물에 녹을 때 나타난다. 즉, 물에 녹기 전에는 이러한 성질을 잘 알 수 없다. 염기가 물에 녹을 때 나타나는 성질을 알칼리성이라고 한다. 알칼리(alkali)라는 말은 알(al)이 물질, 칼리(kali)가 재로, 즉 '재로부터 나온 물질'이라는 뜻에서 유래되었다.

결국 염기성도 염기가 물에 녹을 때 나타나는 성질, 알칼리성도 염기가 물에 녹을 때 나타나는 성질이므로, 또 다시 구분이 어려워진다. 따라서 화학에서는 염기 중에서도 물에 잘 녹는 염기를 알칼리라고 구분하여 부르며, 이 알칼리에 의해 나타나는 성질을 알칼리성이라고 한다. 염기 중에서 알칼리에 속하는 염기로는 물에 매우 잘 녹는 수산화나트륨, 수산화칼륨, 암모니아 등이 있으며, 물에 잘 녹지 않는 수산화칼슘 같은 것은 알칼리에 포함되지 않는다.

1,200년의 세월을 견딘 우리의 보물, 한지

1966년 불국사 석가탑에서 《무구정광대다라니경》이 발견되었다. 그런데 놀라운 것은 1,200년의 긴 세월 동안 이 문화 유산이 썩지 않고 보존되었다는 사실이다.

닥나무로 만든 한지에 인쇄된 《무구정광대다라니경》은 세계에서 가장 오래된 목판 인쇄물이다. 따라서 이 한지는 세계에서 가장 오래된 종이이기도 하다. 그런데 한지는 도대체 어떻게 만들기에 그 오랜 세월을 버틸 수 있었을까?

목재 펄프로 만든 서양식 종이는 산성 종이로서, 대개 50년에서 길어야 100년 정도 되면 누렇게 변하고 삭아 버리는 단점이 있다. 하지만 한지의 경우는 제작 과정이 서양식 종이와는 완전히 다르다.

보통 한지는 닥나무를 잿물에 넣어 삶아서 식물 섬유를 뽑아 낸다. 잿물은 약한 염기성이며, 비누와 비슷해 불순물을 녹이는 성질이 있다. 따라서 잘 손질된 닥나무 껍질을 잿물과 함께 삶으면 껍질 속의 불순물은 잿물에 녹아 없어지고 순수한 식물 섬유만 얻을 수 있다.

이렇게 만들어진 원료(닥죽)를 얇게 떠내기 위해 물에 풀어 띄우는 과정에서 '닥풀'이라는 식물에서 추출한 끈적끈적한 액체를 사용한다. 이 액체는 풀과 같이

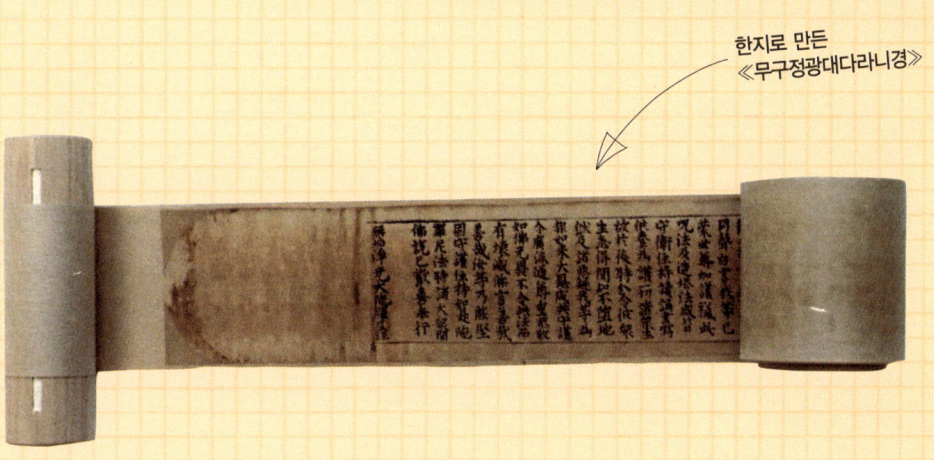

한지로 만든
《무구정광대다라니경》

끈적끈적한 성질이 있어 풀어 놓은 식물 섬유가 균등히 퍼지도록 도와준다.

그런데 이 닥풀에서 추출한 액체는 중성을 띤다. 즉, 한지는 염기성에서 섬유를 뽑아 낸 후 중성의 닥풀에 담가 만들어 내므로 매우 강하고 화학적으로도 안정적인 중성지가 되는 것이다.

《무구정광대다라니경》이 1,200년 동안 보존될 수 있었던 배경에는 이러한 우리 조상들의 지혜가 담겨 있다.

조상들이 얼마나 지혜로웠는지 알겠지?

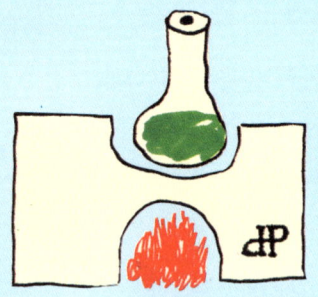

산과 염기 13

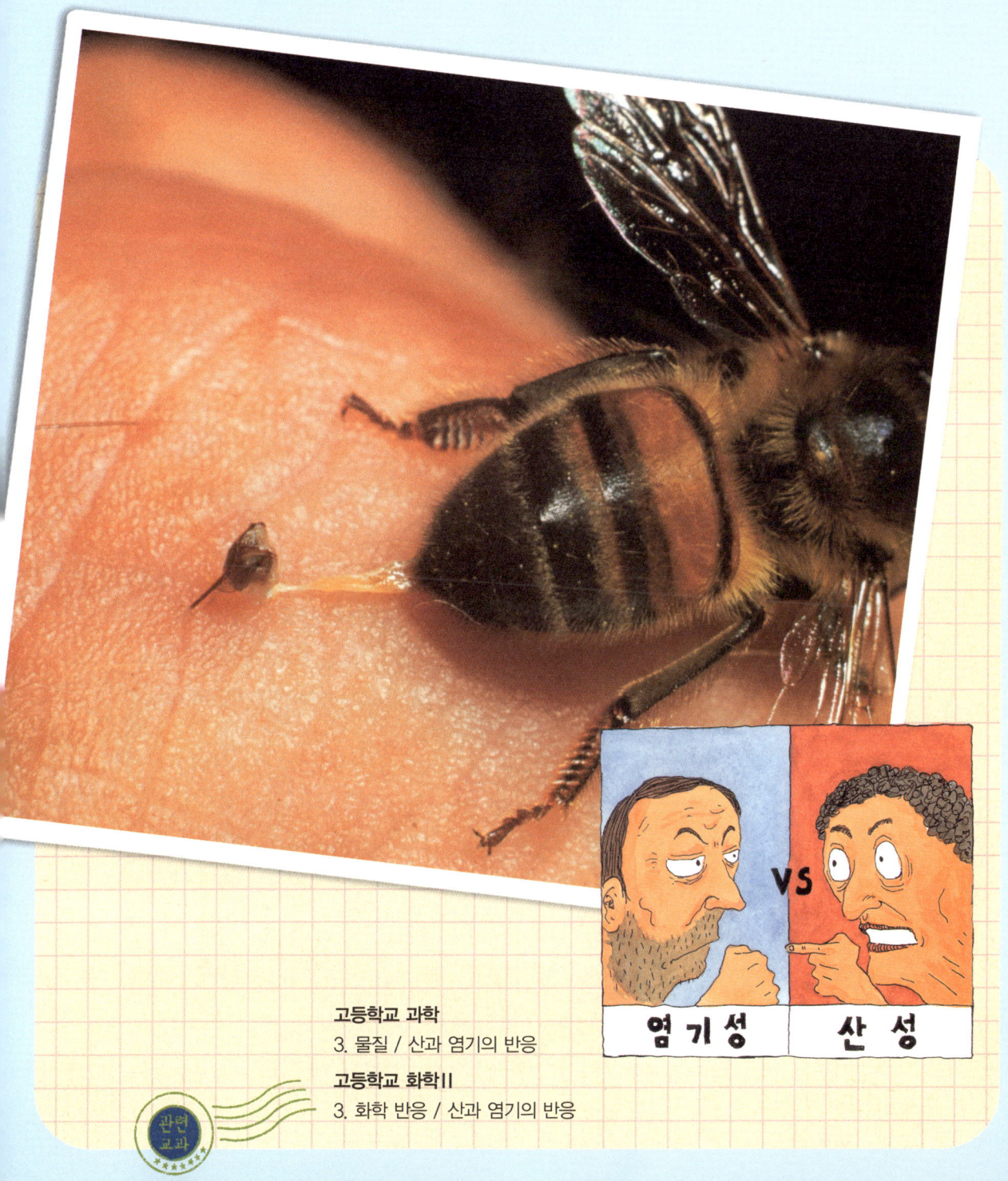

고등학교 과학
3. 물질 / 산과 염기의 반응

고등학교 화학Ⅱ
3. 화학 반응 / 산과 염기의 반응

양잿물

전통적으로 잿물은 콩깍지, 짚 등을 완전히 태운 뒤 그 재를 시루에 안치고 물을 부어 우려 낸 물로 '재의 물'의 줄임말이다. 조선 시대에 잿물로 빨래를 했다는 기록이 있는데, 잿물은 주로 면이나 마로 된 옷감을 빨 때 사용했다고 한다.
수산화나트륨은 미끌미끌하여 잿물처럼 빨래하는 데 사용할 수 있어 서양에서 들여온 잿물이라는 뜻에서 양잿물이라고 불렸다.

산과 염기

어른들이 가끔씩 하는 말 중에 '공짜라면 양잿물도 마신다'라는 말이 있다. 양잿물이란 옛날에 빨래할 때 사용하던 물질로 가성소다라고도 불리는 수산화나트륨을 물에 녹인 것을 말한다.

수산화나트륨은 강한 염기성을 나타내는 물질이다. 이것을 만지면 미끌미끌한데, 이것은 염기성 물질이 단백질을 녹이는 성질이 있기 때문이다. 즉, 염기성인 수산화나트륨이 피부 속에 포함된 단백질을 녹이기 때문에 미끌거리는 것처럼 느껴지는 것이다.

그런데 살을 녹이는 물질을 마시겠다고? 세상에 공짜 좋아하지 않는 사람이 어디 있으련만, 어떻게 양잿물을 마신단 말인가! 결국 이것은 공짜라면 몸에 독이 되는 것도 마다하지 않을 정도로 무조건 좋아하는 태도를 비꼬는 말이다.

이러한 수산화나트륨처럼 만지면 미끈미끈한 성질을 가진 염기성 물질을 화학에서는 '염기'라고 한다.

한편, 물질들 중에는 염기와 반대적인 성질을 가진 물질들이 있다. 바로 '산'이라는 산성 물질들이다.

우리 주변에서 쉽게 볼 수 있는 산성 물질로는 식초를 들 수 있다. 식초를 달걀 껍데기에 몇 방울 떨어뜨리면 작은 거품이 일어나는 것을 볼

식초에 계란을 담가 만든 초란

수 있는데, 이것은 산성 물질이 달걀 껍데기의 탄산칼슘 성분과 반응하여 껍질을 녹이기 때문이다.

이처럼 산은 달걀 껍데기나 대리석 등에 포함된 탄산칼슘을 녹이고, 심지어 강한 산성 물질은 금속까지 녹이는 성질을 가지고 있다.

금속을 녹이는 산

식초 외에 염산이라는 말을 들어 봤을 것이다. 염산은 식초보다 훨씬 강력한 산성을 띠고 있다. 그래서 만약 달걀 껍데기에 염산을 떨어뜨리면 거품 몇 방울이 일어나는 식초와는 달리 매우 극렬하게 부글부글 끓어오르는 모습을 볼 수 있다.

이처럼 우리 주변에 있는 산은 모두 똑같은 산성을 나타내는 것이 아니라, 산성이 강하게 나타나는 강한 산도 있고 산성이 약하게 나타나는 약한 산도 있다.

금속을 녹이는 산의 성질을 이용한 에칭 작품. 렘브란트의 〈세 개의 십자가〉

그러면 어떻게 강한 산과 약한 산을 구분할 수 있을까? 그것은 산을 물에 녹인 수용액에 전류를 통해 보면 금방 알 수 있다. 강한 산은 전류가 세게 흐르고 약한 산은 약하게 흐르기 때문이다.

그리고 앞에서 예로 들었던 달걀 껍데기(또는 얇은 금속 조각)를 반응시키는 것도 또 다른 방법이다. 즉, 강한 산은 거품을 많이 내고 약한 산은 거품을 적게 내며 반응을 일으킨다.

산이 나타내는 성질에는 또 어떤 것들이 있을까? 이 세상의 모든 산은 과학 실험 시간에 사용하는 푸른 리트머스 종이를 붉게 변화시킨다. 실제로 푸른 리트머스 종이를 산성 물질에 대 보라. 모두 붉게 변할 것이다.

작다고 무시하지마!

그리고 산의 성질 중 빼놓지 않고 등장하는 것이 신맛이다. 맛을 볼 수 있는 대부분의 산성 물질은 신맛이 난다. 하지만 이것은 모든 산이 공통으로 갖는 성질이라고 단언할 수는 없다. 염산이나 황산 같은 강한 산을 맛볼 수는 없기 때문이다.

대표적인 신맛의 선두 주자인 식초를 비롯하여 많은 과일은 신맛이 난다. 오렌지, 레몬, 귤, 사과 등등. 이것은 이 과일 속에 산이 들어 있기 때문에 나타나는 현상이다.

한편 산은 벌이나 개미와 같은 곤충들에게서도 분비된다. 특히 벌의 침 속에는 강한 독성을 지닌 산이 들어 있기 때문에 벌에 쏘이면 엄청 아프고 심한 경우 목숨을 잃을 수도 있으므로 각별히 조심해야 하겠다.

무시무시한 황산과 염산

만약 산이 없다면 우리 생활은 어떻게 될까? 우리 생활 속의 산을 쭉 살펴보자. 음식의 맛을 내는 데 사용하는 식초를 비롯하여, 사이다나 콜라에 들어 있는 탄산, 그리고 각종 신맛이 나는 과일, 심지어 김치에도 산이 들어 있다. 앞에 열거한 것은 정말 새 발의 피에 불과하고, 실제로 우리 생활 속에서 산은 도처에 널려 있다.

그런데 이렇게 도처에 널린 산 중에는 위에 열거한 것들처럼 우리가 먹을 수 있고 입맛을 돋워 주는 약한 산이 있는가 하면, 먹는 건 고사하고 잘못해서 피부에 묻기라도 하면 큰일이 날것도 있다. 그것은 바로 강한 산이다.

대표적인 강한 산으로는 앞에서 잠깐 얘기했던 염산과 황산이 있다.

염산은 염화수소 기체가 물에 녹아 있는 용액이다. 이것은 강한 산성을 나타내기 때문에 웬만한 것은 다 녹여 버린다. 만약 실험을 하다가 잘못해서 염산이 피부에 묻게 되면 재빨리 물로 씻어 내야 한다. 그러지 않으면? 피부가 불에 덴 것처럼 따끔거리고 상처가 생긴다.

이렇게 무서운 성질의 염산은 우리 생활에서 화장실 변기를 닦을 때 사용하기도 한다. 화장실 변기가 오래되면 누렇게 때가 끼는데 이것은 좀처럼 지워지지 않는다. 이것을 염산으로 씻으면 말끔하게 지워지는데, 이것은 염산이 변기에 낀 때의 성분을 녹여 버리기 때문이다.

한편 염산은 위산의 주요 성분 물질이기도 하다. 아니, 어떻게 이렇게 독한 염산이 위에서 나올 수 있느냐고? 너무 놀라지 마라. 이건 자연의 섭리이다. 위산이 나와야 우리가 먹은 음식들을 녹여 양분을 흡수할 수 있고, 또한 음식과 함께 들어온 각종 이물질과 세균을 모두 녹여 버림으로써 각종 질병의 위험을 예방할 수 있다. 위산은 염산의 농도가 묽은 것이다.

또 다른 강한 산인 황산은 물을 흡수하는 성질이 있어 흔히 실험실에서 건조제로 사용된다. 일반적인 실험실에서 간편하게 사용하는 데시케이터(건조기)는 옆의 그림과 같은 구조이다. 만일 실험하고자 하는 물질을 습기가 거의 없는 상태로 만들어야 한다면, 이 데시케이터 속에 넣어 두면 황산이 수분을 흡수함으로써 물질을 바짝 마른 상태로 만들 수 있다.

또, 황산은 설탕이나 종이를 검게 변화시켜 버리는 성질도 있다.

데시케이터
어떤 물체나 물질을 건조한 상태로 유지·보존하기 위해 특수 제작된 용기. 특히 공기 중의 수분을 잘 흡수하는 물질을 보관할 때 주로 사용한다.

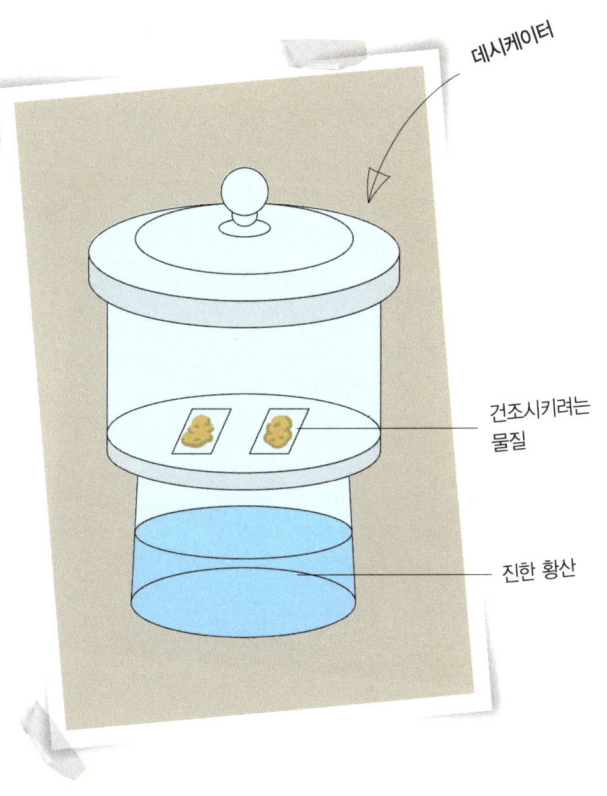

데시케이터
건조시키려는 물질
진한 황산

미끌미끌한 염기의 세계

앞에서 염기는 미끌미끌한 성질이 있다고 했다. 그러면 모든 염기는 이런 성질을 나타내는 것일까? 물론이다. 산이 자기들끼리 공통적으로 나타내는 성질이 있는 것처럼 염기들도 공통적으로 나타내는 성질이 있다.

그리고 이 미끌거리는 촉감이 바로 염기의 가장 대표적인 공통 성질이다. 이미 앞에서 밝혔듯이 미끌거리는 느낌은 염기에 단백질을 녹이는 성질이 있기 때문이다.

우리가 매일 사용하는 비누가 미끌거리는 것도 비누가 염기성을 나타내기 때문이다. 즉, 비누에는 앞의 양잿물과 마찬가지로 수산화나트륨이라는 염기가 들어 있기 때문에 염기성을 나타낸다.

또한, 모든 염기들은 붉은색 리트머스 종이를 푸르게 변화시킨다. 실제로 욕실에서 사용하는 세정제는 거의가 염기성을 나타내는 염기이다. 이들에게 붉은색 리트머스 종이를 갖다 대어 보라. 그러면 신기하게도 붉은색 리트머스 종이가 푸르게 변할 것이다.

또한, 모든 염기가 나타내는 공통적인 성질로 볼 수는 없지만, 맛을 볼 수 있는 염기는 모두 쓴맛을 나타낸다.

대표적인 것으로 빵을 부풀리기 위해 사용하는 소다의 맛을 보면 씁쓰름한 맛이 날 것이다. 소다는 탄산수소나트륨이라는 물질로 만든다. 이 탄산수소나트륨이 염기이기 때문에 쓴맛이 나는 것이다.

그런데 이렇게 맛을 볼 수 있는 것은 약한 염기이기 때문에 가능

리트머스 시험지로 알아본 산과 염기 실험

한 것이다. 만약 강한 염기인 양잿물(수산화나트륨)의 맛을 본다면 염산 못지않게 위험한 일이 일어날 것이다.

수산화나트륨은 수분을 흡수하여 스스로 녹는 성질이 있다. 즉, 고체 수산화나트륨을 공기 중에 놓아 두면 스스로 녹아 버린다.

또한, 수산화나트륨은 머리카락 등으로 막힌 배수구를 뚫을 때에도 사용된다. 슈퍼마켓에 가면 배수구나 변기가 막혔을 때 사용하는 제품들을 판다. 일명 '뚫어펑'이라고 부르기도 하는데, 이 제품들의 주요 성분이 바로 수산화나트륨이다.

머리카락은 단백질로 이루어져 있고, 수산화나트륨과 같은 강한 염기성 물질은 단백질을 매우 잘 녹이기 때문에 꽉 막힌 배수구가 펑 뚫리는 것이다.

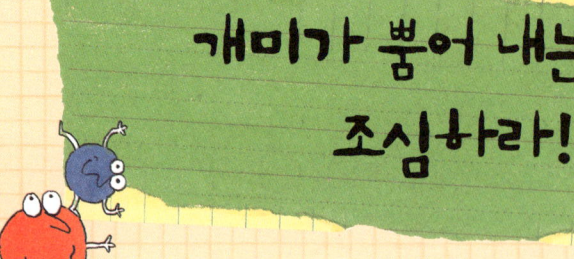

개미는 우리 주변에서 아주 흔하게 볼 수 있다. 요즘은 집안의 해충까지 잡아 준다는 청소 업체들이 생겨서 개미가 많이 줄었지만, 예전에는 방안에서도 개미에게 물리는 일이 허다했다. 과자 부스러기 하나만 떨어뜨려 놔도 언제 어디서 나타났는지 모르게 개미 떼가 까맣게 몰려오곤 했으니까.

그런데 개미에게 물리면 어떨까? 답은 사람마다 다르다. 어떤 친구들은 아무렇지도 않다고 느끼고, 어떤 친구는 따끔하다고 한다. 또 간혹 물린 자리가 퉁퉁 부어오르거나 엄청난 고통을 호소하는 사람도 있다.

사실 우리가 보기에는 다 비슷하게 생긴 개미들도 알고 보면 여러 가지가 있다. 그리고 사람도 통증을 느끼는 정도가 서로 다르다. 그래서 사람들이 개미에 물렸을 때 그 반응이 제각각으로 나오는 것이다.

우리가 어떻게 느끼든 개미가 물면 어떤 식으로든 통증이 생기는 것은 당연하다. 그런데 이 통증을 일으키는 데에 우리가 배운 산이 관여한다. 바로 개미산이란 것이다.

개미들은 개미산이란 것을 분비한다. 어떤 개미(불개미)들은 개미산을 단순히 분비하는 정도가 아니라 적을 공격하기 위해서도 사용한다. 이러한 개미산은 화

학적으로는 포름산이라고 불린다. 이 산은 무색의 자극적인 냄새가 나는 액체 물질로, 사람의 피부에 들어가면 물집이 생길 정도의 위력을 가지고 있다. 단, 모든 개미들이 독성이 강한 개미산을 쏘아 대는 것은 아니다.

  모든 개미가 개미산을 갖고는 있지만, 그걸 쏘는 개미는 얼룩개미(우리나라의 불개미도 쏜다) 정도이다. 즉, 다른 개미들은 걸을 때마다 개미산을 조금씩 흘리면서 뒤쫓아오는 개미들에게 자신의 흔적을 남기기 위해 사용할 뿐이다. 왜 자신의 흔적을 남기냐고? 그거야 당연히 자기를 따라오게 하려고 그러는 것이다.

  한편 식물 중에서도 특이하게 개미산을 분비하는 풀이 있다고 한다. 쐐기풀이 그것인데 주로 숲 가장자리에서 많이 자라며 온몸에 가시털이 나 있는 게 특징이다. 이 쐐기풀에 맨살이 닿으면 찌릿찌릿한 통증을 느끼게 되는데 이것이 바로 개미산 때문이다.

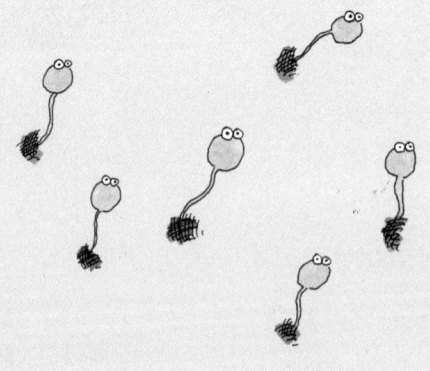

중성과 중화 작용 14

고등학교 과학
3. 물질 / 산과 염기의 반응

고등학교 화학Ⅱ
3. 화학 반응 / 산과 염기의 반응

중화 반응을 이용한 생활의 지혜

생선 요리를 할 때 레몬즙을 뿌려 주면 생선의 비린내가 사라진다. 또, 벌이나 벌레에 쏘였을 때 암모니아수를 발라 주면 쓰리고 아픈 것이 없어진다. 여기엔 무슨 비밀이 숨겨져 있는 것일까?

생선의 비린내는 생선이 부패하기 시작할 때 생기는 '트리메탈아민'이라는 염기성 물질이 원인이다. 따라서 산성인 레몬즙을 뿌려 주면 산성과 염기성이 반응하여 트리메탈아민이 없어지므로 비린내가 제거된다.

마찬가지로 벌이나 벌레의 침에는 산성의 독 성분이 들어 있다. 따라서 염기성인 암모니아수를 발라 주면 산성과 염기성이 반응하여 침의 독 성분이 제거된다.

즉, 산과 염기가 만나 산의 성질이나 염기의 성질을 잃는 반응이 일어난 것이다. 이런 산과 염기 사이의 반응을 중화 반응이라고 한다.

비린내를 없애주는 산성의 레몬즙

산성을 나타내는 벌침

소풍을 가거나 산에 성묘를 갔다가 벌에 쏘이는 경우가 있다. 그때의 아픔이란 당해 보지 않은 사람은 잘 모를 것이다. 만약 벌에 쏘인다면 어떻게 될까? 이리저리 떼굴떼굴 구르며 발작을 일으킬 정도로 그 위력은 대단하다. 심한 경우에는 목숨을 잃을 수도 있다.

만약 우리가 이런 경우를 당한다면 어떻게 해야 할까? 응급 처치로 재빨리 벌침을 뽑아 내고 암모니아수를 바르는 방법이 있다. 암모니아수가 없을 경우는 된장을 바르는 것도 효과가 있다.

그런데 왜 이런 경우에 암모니아수나 된장을 바르는 걸까?

벌의 침에는 강한 독이 들어 있는데, 이것은 산성을 나타내는 물질이다. 즉, 사람이 벌에 쏘이면 강한 산성 물질이 피부 속으로 들어오는데, 이것이 피부의 물질들과 반응하여 피부의 조직을 파괴하기 때문에 극심한 고통을 느끼는 것이다.

한편 암모니아수는 산성과 반대인 염기성 물질이다. 그래서 산성과 염기성이 만나 중성의 물질이 만들어지므로 벌의 독에 들어 있는 산성이 약해지고 고통도 줄어든다.

이것은 비단 벌에게 쏘였을 때만 적용되는 것이 아니다. 여름에 우리는 모기나 벌레에 자주 물린다. 이때 피부가 벌겋게 부어오르는 것을

암모니아수

암모니아를 물에 녹여 만든 액체로 색은 없으나 냄새가 지독하다. 알칼리성을 띠므로 산성을 띤 물질에 바르거나 섞으면 중화 작용을 일으킨다. 온도가 높은 곳에서는 폭발할 수도 있으므로 여름에 실험용으로 쓸 때는 특히 주의해서 다루어야 한다.

말벌의 침은 다른 벌들과는 달리 염기성이야. 그래서 염기성인 암모니아를 바르면 고통이 더 심해지지롱~

으아! 말벌이다!

많이 경험했을 것이다.

　이 경우도 마찬가지로 산성 물질이 우리 몸에 들어온 것이므로 염기성 물질을 바르면 증상이 약해진다. 벌레 물린 데 바르는 약에도 염기성 물질이 들어 있다. 만약 약이 없다면 침이라도 바르라. 침도 약하긴 하지만 염기성 물질이므로 어느 정도 효과는 볼 수 있다.

헬리코박터균의 생존 전략

　헬리코박터균은 우리 몸속에 있는 위에 기생한다. 그런데 이 위란 곳이 어떤 곳인지를 알게 되면, 여러분은 헬리코박터균이 대단하다고 생각될 것이다.

　위의 기능 중에는 먹은 음식을 소화시키는 기능도 있지만, 음식물 속에 들어 있는 균들을 완전히 퇴치하는 기능도 있다. 이 균들을 퇴치하기 위해 위는 최고의 무기인 염산을 쏟아 낸다. 그러면 거의 모든 균들은 그 자리에서 즉사하고 만다.

　그런데 그 와중에도 살아남는 균이 있으니, 바로 헬리코박터균이다.

헬리코박터균은 어떻게 이처럼 강한 염산의 공격을 견뎌내는 것일까?

　헬리코박터균은 요소를 분해하는 기능이 아주 뛰어나다. 따라서 주변에 요소가 조금이라도 있으면 이를 매우 빨리 분해할 수 있다. 요소를 분해하면 암모니아가 나오는데, 이 암모니아는 강력한 염기성 물질이다.

　다시 한 번 생각해 보자. 염산은 산성이고 암모니아는 염기성이다. 그런데 산성과 염기성이 만나면 산성이 약해질 수밖에 없다. 즉, 헬리코박터균은 요소를 암모니아로 분해하여 주변을 염기성으로 만듦으로써 산성인 염산에 대항한다. 이것이 바로 세균들이 살 수 없는 위에서도 헬리코박터균이 살아갈 수 있는 생존 전략인 셈이다.

　그런데 가끔 속이 쓰릴 때가 있다. 이것은 위 속에서 염산이 과다하게 분비되기 때문에 나타나는 증상이다. 그 독하다는 염산이 너무 많이 나오면 우리의 위를 자극하고 심하면 상처를 내 병을 유발할 수 있다.

　이럴 때 먹는 위장약에는 염기성 물질이 포함되어 있다. 이 염기성 물질이 염산의 산성을 무력화시켜 속이 쓰라린 증상을 사라지게 하는 것이다.

물과 기름을 섞을 수 있을까

　물과 기름을 섞을 수 있다면? 대부분 말도 안 되는 소리라고 생각할 것이다. 그런데 물과 기름을 섞을 수 있는 물질이 실제로 우리 주변에 널려 있다면 믿겠는가? 그것은 바로 '비누'이다.

　잘 생각해 보라. 만약 비누가 물과 기름을 섞을 수 없다면 어떻게 우리 몸의 '때'를 씻어 줄 수 있겠는가? 때의 정체는 바로 기름 성분인데!

　그럼 비누는 어떻게 생겼기에 물하고 기름을 섞을 수 있단 말인가! 아래의 그림을 잘 보라. 비누 분자의 머리처럼 생긴 부분은 물을 좋아한다. 그리고 꼬리처럼 생긴 부분은 기름을 좋아한다. 즉, 한 분자 안에 두 가지 성질이 다 있는 것이다.

　그래서 기름과도 섞일 수 있고 물과도 섞일 수 있다. 우리가 비누로 세수하면 얼굴에 묻어 있던 때(기름 성분)가 물에 녹아 떨어져 나간다. 물론 물에 잘 녹는 다른 성분들도 함께 녹으므로 우리 얼굴이 깨끗해지는 것이다.

액성에 따라 색깔을 변하게 하는 산과 염기

홍차를 마실 때 흔히 레몬을 한 조각 띄우는데, 이렇게 하면 홍차의 갈색이 밝고 엷어져 시각적으로 더 맛있어 보이는 효과가 있다. 이 변화는 레몬에 포함되어 있는 시트르산이라는 산성 물질이 홍차 잎에 들어 있는 색소를 변화시키기 때문이다.

또한, 꽃잎에는 안토시아닌이라는 색소가 들어 있는데 이 색소는 산성에서는 붉은색을 나타내고, 중성에서는 보라색을, 염기성에서는 푸른색을 나타낸다. 꽃이 천차만별로 아름다운 색조를 내게 된 데에는 안토시아닌의 역할이 크다.

홍차 잎의 색소나 꽃잎의 안토시아닌처럼 산성, 중성, 염기성에 따라 그 색깔이 변하는 물질을 산·염기 지시약이라고 한다.

산·염기 지시약은 말 그대로 우리가 다루는 물질의 액성을 자신의 색깔을 통해 지시해 주는 약품이다. 액성에 따라 지시약의 색깔이 변하는 까닭은 지시약 자체가 약한 산 또는 약한 염기이기 때문이다. 즉, 지시약 분자에 수소 이온이 첨가되거나 제거되면서 구조가 바뀌는데, 분자의 구조가 바뀌면 흡수하는 빛의 파장이 달라지고 그 결과 색깔에서 차이를 나타낸다.

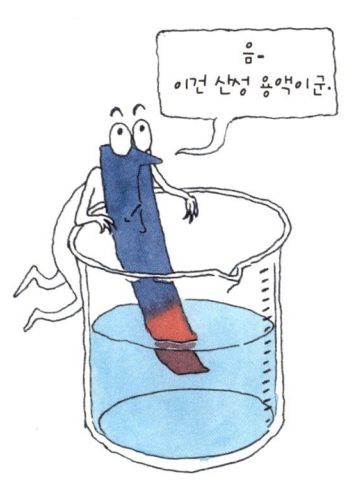

카레가 산·염기 지시약이라고?

카레는 왜 노란색일까? 혹시 노란색 인공 색소를 넣은 것은 아닐까? 그러나 걱정하지 않아도 된다. 카레 특유의 노란색은 강황이라는 식물에서 나오는 천연 색상이다.

최근에는 이 강황의 색소에 있는 성분이 항암 효과가 있는 것으로 알려져 카레가 건강식으로서 각광받는 데 한몫을 하고 있다.

카레는 인도에서 유래된 것으로 알려져 있다. 여행을 떠날 때 우리가 고추장과 김치를 꼭 챙기듯이, 인도 사람들은 강황을 챙긴다고 한다.

한편, 인도인들에게 있어 강황은 만병통치약이기도 하다. 상처가 났을 때도 강황 가루를 물에 개어 바르는 정도이니 강황의 약효에 대한 믿음이 상당히 크다는 것을 짐작할 수 있다. 마치 우리나라 어른들이 벌에 쏘였을 때 된장을 발랐던 것처럼, 강황은 인도 사람들에게 중요한 음식이자 간편한 의약품이기도 했다.

강황은 인도와 그 주변의 열대 및 아열대 지방에서 재배되는 식물로서, 노란색을 띠는데, 향이 독특하고 강하여 오래전부터 음식의 향을 내거나 옷감을 물들이는 데 많이 사용하였다.

강황은 간장을 강하게 하고, 소화를 촉진시키며, 당뇨병이나 피부 질환을 예방하는 효능이 있어 예로부터 한방에서 많이 이용되어 왔다.

현대 의학에서도 강황을 연구한 결과 피부암과 대장암, 유방암 등의 여러 암에서 종양 세포를 죽이는 작용을 한다고 밝혀졌다.

이러한 카레의 강황 성분은 신기하게도 산성과 염기성에서 그 색깔이 변한다. 산성에서는 색 변화가 없으나 염기성에서는 붉은색으로 변한다. 따라서 강황은 산·염기 지시약으로도 사용될 수 있는 신비의 물질이라 하겠다.

산성비 15

고등학교 과학
4. 환경 / 산성비

인간을 위협하는 산성비

만약 비가 내리지 않는다면 어떻게 될까? 가뭄 때 농부들에게 이런 이야기를 하면 큰일날 수도 있으니 조심해야 한다. 만약 진짜 비가 내리지 않는다면 농사짓는 것은 포기해야 하기 때문이다.

그런데 이게 농부에게만 해당되는 이야기일까! 비가 계속 내리지 않는다면 결국 우리 모두 살 수 없게 될 것이다.

남부 아프리카의 작은 나라 보츠와나에서는 돈을 세는 단위로 '풀라'와 '테베'라는 말을 쓴다. 둘 다 '빗방울'을 뜻하는 말이다. 비가 얼마나 소중했으면 돈처럼 여겼을까.

그런데 이렇게 소중한 비가 반대로 인간을 위협하는 일이 벌어지고 있다는 소식이 들리고 있다.

멕시코 유카탄 반도에서는 내리는 비를 맞고 고대 마야 문명의 유적이 파괴되었다고 한다. 미국은 이 비 때문에 전체 호수의 1/5 이상이 산성화되어 물고기가 살기 어렵게 되었다고 한다. 또한, 캐나다와 노르웨이의 청정 지역에 있는 수많은 호수까지 바로 이 비로 피해를 입었다고 한다. 도대체 이 비의 정체는 무엇일까?

산성비로 파괴된 전나무 숲

사람들은 이렇게 무시무시한 비를 산성비라고 한다. 산성비는 비에 황산이나 질산 같은 강한 산이 녹아서 함께 내리는 비이다. 도대체 어떻게 이런 일이 일어날 수 있는 것일까?

환경을 병들게 한 산성비의 원인

산성비를 맞은 식물들이 말라죽었다. 호수의 물고기들까지. 산성비의 성분을 조사해 보니 놀랍게도 이 비에서 인체에도 치명적인 황산과 질산이 검출되었다.

황산이 어떻게 만들어지는가? 이산화황 기체와 공기중의 수증기 반응하여 만들어지는 게 황산 아닌가. 그럼 이 이산화황은 어디서 생긴 걸까? 황이 탈 때 만들어진다. 산성비의 원인은 바로 황이다.

우리 주변에서 흔하게 볼 수 있는 자동차, 버스, 기차, 비행기, 난로 등은 모두 석유라는 화석 연료에서 뽑아 낸 연료를 사용한다. 그런데 이 화석 연료에는 불순물인 황이 들어 있다. 즉, 휘발유(극미량), 등유(0.5% 이하), 경유(1.6%), 중유(4.0% 이하) 등 모든 석유 연료에는 황이 들어 있다.

이처럼 황이 들어 있는 연료를 태우면 황도 같이 타고, 그 결과 이산화황이 생긴다. 그리고 이산화황(아황산가스)이 오랜 기간 대기 중에 머물면서 공기 중의 산소와 수증기와 반응하여 황산을 만든다. 이 황산이 빗물에 녹아 내리면 산성비가 된다.

이번에는 질산에 대해 추적해 보자. 질산은 질소 산화물이 물에 녹아 만들어진다. 그렇다면 질소 산화물은 어디에서 만들어지는가?

오염된 공기 때문에 방독면을 착용해야 하는 환경

　질소 산화물은 자연적으로 번개의 방전으로 생기기도 하지만, 주로 고온에서 연료가 연소되는 과정에서 생긴다. 특히, 고온·고압의 조건에서 공기 중의 질소 기체가 산소와 반응하면 질소 산화물이 생기는데, 자동차 엔진이 이러한 조건에 적합한 구조를 하고 있기 때문에 자동차가 질소 산화물을 만드는 주요한 범인이다.

　자동차에서 연일 뿜어 대는 질소 산화물, 이것이 하늘로 올라가서 빗물에 녹아 무시무시한 질산을 만들고 이 비가 내려 피해를 준 것이다.

　이제 모든 것이 밝혀졌다. 범인은 바로 다름 아닌 사람들이었다. 사람들은 생활을 보다 편하게 하기 위해 화석 연료를 개발하고 사용했지만 그 결과 자연을 죽이고 나아가 스스로의 생명까지 위협하고 있는 상황이 된 것이다.

모든 비는 산성비일까

산성비가 생기고 나서 새로운 풍속도가 생겼다. 비만 내리면 기를 쓰고 피하는 것이다. 대머리가 된다느니 하면서 말이다. 그러면 요즘 내리는 비는 모두 산성비란 말인가?

그렇지는 않다. 지역에 따라 산성비가 내리는 곳도 있고 그렇지 않은 곳도 있다. 또한 한 지역에서도 그때그때 다르다.

그럼 도대체 산성비라고 정하는 기준은 무엇인가? 산성비를 결정하는 기준은 바로 pH이다. pH는 용액의 산성도를 나타내는 단위라고 생각하면 되는데, pH 7을 기준으로 7보다 작으면 산성, 크면 염기성이다.

순수한 물의 경우는 pH 값이 7이다. 그럼 빗물도 7일까? 그렇지는 않다. 오염되지 않은 깨끗한 비나 눈에도 대기 중의 이산화탄소가 녹아들기 때문에 pH 값이 중성인 7이 아니라 5.6까지 내려간다. 즉, 순수한 빗물도 산성을 띠고 있다는 이야기다. 그러나 이 빗물은 받아 놓으면 이산화탄소가 날아가기 때문에 중성에 가까운 값으로 변한다.

그런데 비나 눈에 이산화황이나 질소 산화물과 같은 오염 물질이 녹아들면 황산이나 질산이 되어서 pH가 5.6 아래로까지 내려가게 된다. 이런 경우를 산성비라고 한다. 대개의 산성비는 pH 4.5에서 5 정도의 값을 나타내는데, 매우 심하면 pH가 4 이하로도 내려간다.

pH (수소 이온 지수)

용액 속에 이온 상태로 존재하는 수소 이온의 농도가 어느 정도나 되는지를 나타낸다. 산성도를 나타내는 표준이라 할 수 있다.

산성비를 막아라

앞에서도 말했듯이 산성비는 우리 생활에 피해를 준다. 식물과 나무의 성장을 방해하고 심하면 죽게 할 수도 있다. 또 물고기의 산란을 감소시켜 수중 생태계에도 피해를 준다.

동물의 경우 눈이나 호흡기 점막 조직에 영향을 주어 질병을 일으킬 수 있으며, 피부를 자극하여 불쾌감이나 통증을 주기도 한다.

또한, 산성비는 금속 철재와 콘크리트 등의 건축 구조물, 그리고 역사적 유물까지도 부식시켜 커다란 경제적·문화적 손실을 입힌다. 특히 석회암과 대리석으로 된 동상이나 건축물 등은 그 손상이 매우 심각하다.

산성비에 녹아 버린 조각상

이제 이 산성비를 막을 대책을 세워 보자.

가장 중요한 것은 이 산성비를 만드는 두 주범, 즉 이산화황과 질소 산화물을 줄이는 일이다.

이산화황을 줄이는 방법으로는 황을 포함하지 않는 연료를 사용하는 것이다. 버스 중에 'NGV'라는 글자가 쓰여 있는 버스가 있다. 이것은 'Natural Gas Vehicle'의 약자로, 말 그대로 천연가스를 사용하는 버스이다.

천연가스에는 황이 거의 포함되어 있지 않으므로 이것을 사용하면 이산화황의 배출을 줄일 수 있다.

또, '탈황 장치'라는 것이 개발되었는데, 이것은 이산화황 기체를 해롭지 않은 다른 물질로 바꿔 주는 장치이다. 공장마다 이 장치를 사용한다면 이산화황의 배출은 획기적으로 줄어들 것이다.

질소 산화물도 줄이는 방법이 개발되었다. 바로 촉매 변환기이다. 질소 산화물을 촉매 변환기에 통과시키면 역시 해롭지 않은 다른 물질로 바꿔 준다.

이 촉매 변환기는 사진과 같이 자동차에 부착하여 사용한다. 이렇게 자동차에 촉매 변환기를 장착하면 질소 산화물의 배출을 줄일 수 있을 것이다.

그러나 무엇보다도 근본적인 대책은 공해를 전혀 일으키지 않는 꿈의 연료를 개발하는 것이다. 현재 여러 분야에서 무공해 에너지를 개발하기 위한 연구가 활발하게 진행되고 있으므로, 가까운 미래에는 더 청정한 환경에서 살 수 있을 거라 기대된다. 어쩌면 이 책을 읽는 여러분들 중에 미래의 청정 에너지를 발명해 낼 위대한 화학자가 나올지 누가 알겠는가?

질소 산화물의 배출을 줄여주는 촉매 변환기

일산화질소의 두 얼굴

산성비의 주범으로 밝혀진 질소 산화물 중의 하나로 일산화질소가 있다. 그런데 이 일산화질소가 자기를 너무 나쁘게만 보지 말라고 하니 그 하소연 좀 들어보자.

1870년대에 노벨의 다이너마이트 공장에서 신기한 일이 벌어졌다. 심장병 환자들이 이 공장에서 일을 하면서 병이 낫기 시작한 것이다.

이게 도대체 어떻게 된 일일까? 한동안 그 원인을 조사한 의사들은 다이너마이트의 원료인 니트로글리세린이 심장병에 탁월한 효과를 나타낸다는 사실을 밝혀냈다.

그러나 당시에는 니트로글리세린이 심장병에 좋다는 것은 알아냈지만, 정확히 어떤 성분이 어떠한 역할을 하기 때문에 심장병에 좋은 것인지는 몰랐다.

과학자들의 오랜 연구 결과, 이러한 효과가 바로 일산화질소(NO) 때문이라는 것이 밝혀졌다. 아니, 이럴 수가! 자동차 매연에서 많이 나오는 그 오염 물질이 심장병 환자들을 낫게 하는 효과가 있다니!

연구에 따르면, 일산화질소에는 혈압이 너무 높아지는 것을 방지하는 기능이 있다고 한다. 또, 동맥이 막히는 것을 방지하는 기능도 있다고 한다.

물론 일산화질소가 무조건 우리 몸에 좋은 것은 아니다. 이 물질은 혈우병, 결장암, 알츠하이머병을 포함한 몇 가지 병에서 악역으로 의심받고 있다. 전문가들은 체내 일산화질소가 너무 적어도 위험하고, 또 너무 많아도 위험하다고 경고한다.

그 유명한 노벨도 말년에 심장병에 걸렸다. 그래서 의사들은 노벨에게 심장병에 탁월한 효과가 있는 니트로글리세린을 처방했다. 그런데 노벨은 자신이 만든 폭발 물질을 절대로 약으로 쓸 수 없다며 거부했다고 한다.

찾아보기

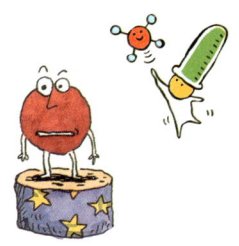

ㄱ
고대의 물질관 17
공유 결합 71, 93
금속 원소 40
기체 반응의 법칙 50

ㄷ
데모크리토스 18
돌턴의 원자설 20
동위원소 21

ㄹ
러더퍼드 28

ㅁ
물리적 변화 81

ㅂ
배수 비례의 법칙 20
베르톨라이드 화합물 115
복분해 84

분자 결합 63
분자 모형 55
분자식 54
분자의 종류 53
불꽃 반응 43
비금속 원소 41
비누 154

ㅅ
4원소 변환설 17
4원소설 17
산 140
산성 식품 131
산성비 160, 163
센물 123
수소 결합 72
스펙트럼 분석 43

ㅇ
아보가드로의 법칙 52
알칼리 135
알칼리성 식품 132
앙금 생성 반응 123

양잿물 140
연속설 17
염기 140
염기성 135
염산 142
염화나트륨 120
원소 36, 44
원소 기호 38
원자 26, 44
원자 결합 63
원자량 39
원자 모형 28
원자 번호 39
이온 62, 90
이온 결합 63, 91
일산화질소 166
1원소설 16
일정 성분비의 법칙 19, 112
입자설 17

ㅈ
자유전자 94
전자껍질 91
전해질 120

주기율표 37
준금속 원소 41
중화 반응 150
질량 보존의 법칙 18, 101
질량분석기 103
질산 161

ㅊ
치환 84

ㅋ
쿨롱의 힘 120
쿼크 30

ㅌ
탄수화물 131
탈레스 16
탈황 장치 164
톰슨 27

ㅍ
포름산 147

표면장력 76
ph 163

ㅎ
헬리코박터균 152
혼합물 111
화학 반응식 84
화학적 변화 82
화합 83
화합물 111
황산 143, 161

상위 5% 총서
상위 5%로 가는 화학교실 2 | 기초 화학(하)

초판 1쇄 발행 2008년 3월 31일 **초판 17쇄 발행** 2020년 6월 15일

글 신학수, 이복영, 백승용, 구자옥, 김창호, 김용완, 김승국
그림 김명호

편집 1본부 본부장 배민수
편집 5부서 부서장 김문주
편집 김숙영

펴낸곳 ㈜위즈덤하우스 **출판등록** 2000년 5월 23일 제13-1071호
제조국 대한민국 **주소** 경기도 고양시 일산동구 정발산로 43-20 센트럴프라자 6층
전화 031)936-4000 **팩스** 031)903-3893 **홈페이지** www.wisdomhouse.co.kr

ⓒ㈜불지사, 2008

ISBN 978-89-92010-84-9 74430
　　　978-89-92010-77-1 (세트)

- 이 책의 전부 또는 일부 내용을 재사용하려면 반드시 사전에 저작권자와
  ㈜위즈덤하우스의 동의를 받아야 합니다.
- 인쇄·제작 및 유통상의 파본 도서는 구입하신 서점에서 바꿔드립니다.
- 책값은 뒤표지에 있습니다.
- 이 책의 사용 연령은 8~13세입니다.

특별부록

논술로 다시 읽는 기초 화학(하)

- 첫 번째 마당 – **상대 주장 반박하기**
  엠페도클레스와 대결한다면?

- 두 번째 마당 – **반론 꺾기**
  모든 법칙에는 예외가 있다?

- 세 번째 마당 – **말로 논술하기**
  산성비가 대머리를 만들었을까?

논술 집필
대표집필_신현숙(한국언어사고개발원 부원장)
최윤지(한국언어사고개발원 연구원), 신운선(한우리독서문화운동본부 강사),
김은영(독서교육기관 강사), 김주희(평생교육원 독서논술 강사), 신혜금(평생교육원 논술, 독서치료 과정 강사), 인선주(한우리독서지도사, 한국독서지도연구회 연구원)

첫 번째 마당
상대 주장 반박하기
엠페도클레스와 대결한다면?

과학자들은 물질을 이루는 요소가 무엇인지 알아내기 위해 끊임없이 연구했습니다. 그 결과 물질을 이루는 요소들을 어느 정도 밝혀낼 수 있었습니다. 발견된 순서별로 다시 정리해 봅시다.

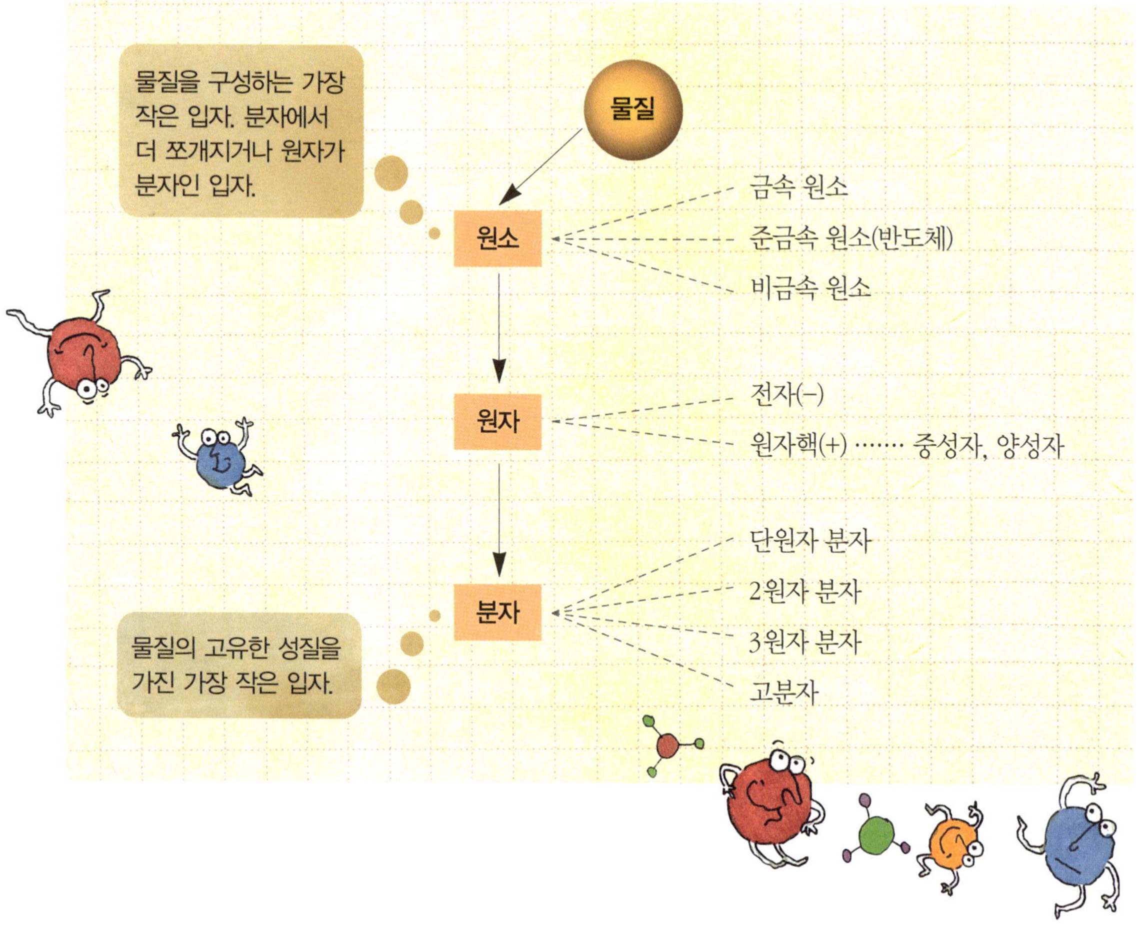

물질을 구성하는 가장 작은 입자. 분자에서 더 쪼개지거나 원자가 분자인 입자.

물질 → 원소
- 금속 원소
- 준금속 원소(반도체)
- 비금속 원소

↓

원자
- 전자(-)
- 원자핵(+) …… 중성자, 양성자

↓

분자
- 단원자 분자
- 2원자 분자
- 3원자 분자
- 고분자

물질의 고유한 성질을 가진 가장 작은 입자.

모든 주장에는 적절한 근거가 필요하다

그러나 앞에서 정리한 것처럼 명쾌한 결론을 내리기까지는 길고도 험난한 과정이 있었습니다. 다시 옛날 과학자들의 주장으로 되돌아가 볼까요?

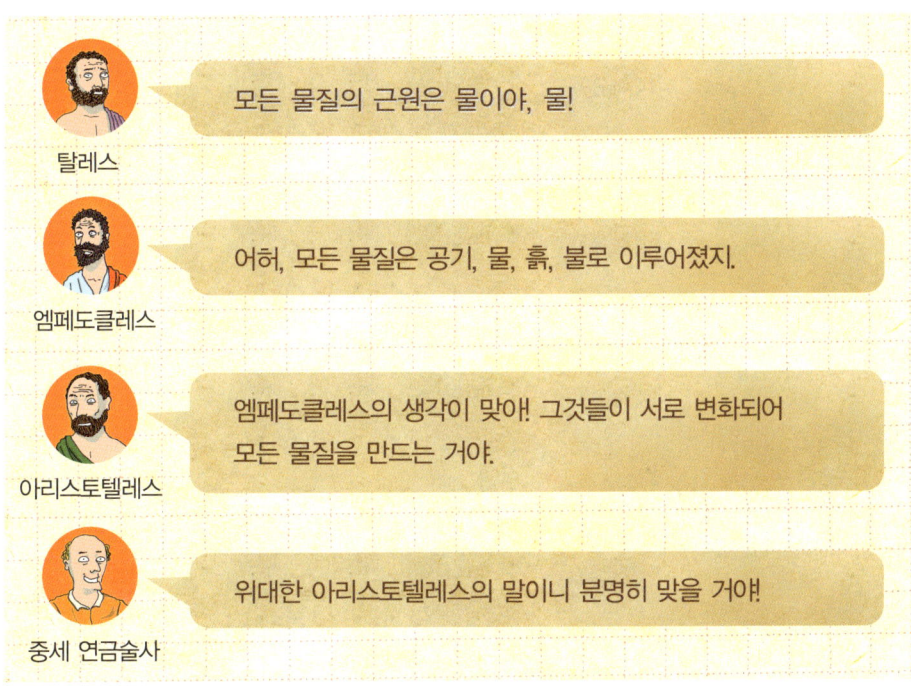

이 글로만 보면 탈레스와 엠페도클레스의 주장은 설득력이 없어 보이죠? 왜냐하면 자기 주장에 대한 뚜렷한 근거를 들지 않았기 때문이에요. 또한 아리스토텔레스도 엠페도클레스의 주장에 찬성한다고는 했지만, 그 이유를 구체적으로 들지 않아서 설득력이 떨어지는 것은 마찬가지죠. 중세 연금술사의 말도 물론 강한 주장이라고 보기 어렵습니다. 유명한 사람 말이라고 해서 항상 맞는 것은 아닐 테니까요.

위의 주장들을 보니 어떤 생각이 드나요? 적절한 근거를 대서 주장을 뒷받침하지 않으면 공허한 말이 된다는 느낌이 들지 않나요?

근거가 좋아야 강한 주장이 된다

그렇다면 여러분이 엠페도클레스와 가상 대결을 펼친다고 상상하면서 주장이 강해질 방법을 찾아보세요. 물론 여러분은 현대의 과학 지식으로 무장한 상태지요. 좀 불공정하다고요? 하지만 뭐 할 수 없죠.

어허, 모든 물질은 공기, 물, 흙, 불로 이루어졌지.

엠페도클레스

자, 대학자 엠페도클레스와 맞서기 위해서는 여러분도 각오를 단단히 해야 할 거예요. 그럼 시작해 볼까요?

먼저, 상대방의 주장을 반박하기 위해서는 상대방이 말한 용어의 뜻을 정확히 알아야 합니다. 그래야 그것을 바탕으로 주장을 펼쳐 나갈 수 있으니까요.

물질이란? 대부분 질량과 부피를 가지고 있으며, 눈에 보일 수도 있고 보이지 않을 수도 있다.

여러분은 '물질'의 개념에 대해 정확히 알고 있었나요? 그래야 세상이 네 가지 물질로 이루어졌다는 그의 주장에 대해 언급할 수 있을 테니까요.

이번에는 물질의 정의에 비추어 보아 '물'과 '불', '공기'와 '흙'이 과연 물질의 근본 성질을 띠고 있는지 따져 봐야겠죠?

먼저, 물이 물질의 근본 성질을 갖고 있는지 알아볼까요?

> 물은 부피도 있고 질량도 있고 보이기도 하지요. 그래서 물질이기는 하나 물질의 근원이 되기 위해서는 더 이상 나누어지지 않아야 해요. 옛날에는 물이 나누어진다는 것은 상상할 수 없었어요. 그런데 요즘은 물 분자도 나눌 수 있습니다. 전기 분해를 통해 나누면 산소 원자 1개와 수소 원자 2개로 나뉘지요. 그래서 물은 물질의 근원이 될 수 없답니다.

그럼, 이번에는 불에 대해 살펴보겠습니다.

> 불이 질량과 부피를 가지고 있다고 말하기는 어렵습니다. 눈에 보이기는 하지만 무엇으로 이루어졌다고 하기가 힘듭니다. 왜냐하면 어떤 물질이 산소와 결합해서 연소하는 상태이기 때문이지요. 불은 빛과 열을 내면서 이동하는 에너지라고 할 수 있어요. 그런데 빛과 열은 질량이 없답니다. 그러므로 불은 앞에서 말한 물질의 정의에서 벗어나, 물질의 근원이라고 하기 어려운 것입니다.

물은 산소와 수소로 나누어지지. 나누어지는 물질은 물질의 근원이 될 수 없어!

계속해서 공기에 대해서 알아볼까요?

공기는 눈에 보이지 않지만 존재합니다. 또 질량과 부피가 있어 물질에 해당됩니다. 풍선 속에 넣은 공기와 빈 풍선의 무게를 재어 보면 알 수 있어요. 그러나 공기 또한 나누어집니다. 공기를 액체 공기로 만든 뒤 끓는점을 이용하여 여러 기체들로 분해할 수 있지요. 그래서 공기를 물질의 근원으로 보는 데는 문제가 있습니다.

마지막으로 흙에 대해서 살펴보겠습니다.

흙은 눈에 보이고 질량과 부피도 있는 물질입니다. 흙이 물질의 근본이라면 더 이상 나누어져서는 안 됩니다. 하지만 흙은 계속 잘게 부서지고 그 성분을 분석하면 너무나 많은 것들로 이루어져 있다는 것을 금방 알 수 있습니다.

자, 이 정도로 정리해 보니, 여러분은 이제 물과 불, 흙과 공기를 물질의 근원으로 보기 어렵게 되지 않았나요? 그러고 보면, 모든 물질이 네 가지로 이루어졌다는 엠페도클레스에게 반론을 제기하는 것쯤은 식은 죽 먹기 아닌가요? 물과 불, 공기와 흙을 이미 물질의 근원으로 볼 수 없는데, 모든 물질이 그것들로 이루어졌다는 것은 앞뒤가 맞지 않으니까요.

지금까지 살펴본 것처럼, 어떤 주장을 펼치려면 당연히 근거를 들어야지, 그냥 결론만 주장한다면 매우 공허하게 들리니 주의하시기 바랍니다. 항상 기억하세요.

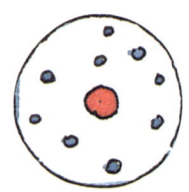

이번에는 가상 논쟁을 통해 다져진 여러분의 실력을 논술로 표현해 보세요. 다음과 같은 논술 문제가 있을 경우 어떻게 쓰면 좋을지 생각을 정리해 봅시다.

논술 문제 1 옛날 사람들은 세계의 근본을 이루는 물질을 찾아내기 위해서 호기심을 가지고 많은 노력을 했습니다. 그 결과 지금의 우리들이 얻게 된 것은 무엇인지 생각해 보세요.

지금까지 알게 된 것을 바탕으로 글을 쓰면 아마 쉽게 쓸 수 있을 거예요. 어떤 순서로 글을 쓰면 좋을지 메모를 하고 시작해 봅시다.

글의 순서

- 처음 : 사람은 존재의 근본을 알아내려는 호기심이 있다.
- 가운데 : 1. 세상에 대해 알고 싶어하는 호기심으로 인해 과학이 발달하였다.
  2. 과학은 점점 세분화되었고, 더 깊이 있는 연구가 가능하게 되었다.
- 끝 : 결국 사람들의 호기심이 삶의 질을 높이게 되었다.

생각이 잘 정리되었나요?
다음 글을 여러분이 쓰려는 글과 비교하며 잘 읽어 보세요.

기승전결에 맞춰 생각해 봐요!

예시 글

사람은 생각을 할 줄 안다. 생각하는 힘 때문에 '사람이 존재하는 이유가 무엇일까'라는 호기심도 생겨난 것이다. 그 답을 얻기 위해서 사람들은 내 주변, 보이는 세계, 넓게는 우주에 대해 탐구하기 시작했다. 그리고 물질의 세계를 궁금해하고 연구하게 된 덕분에 많은 문제가 풀리기도 하고 호기심이 더 늘어나기도 했다.

연구자들이 물질의 세계를 파헤침으로써 원소, 원자, 전자, 분자를 발견했다. 그리고 많은 원소들이 지구에 존재한다는 것을 알게 되었다. 이런 오랜 과정을 통해서 과학이 점점 발달한 것이다.

초창기 과학은 범위가 매우 광범위하고 두루뭉술하게 연구되었지만 점점 과학의 분야가 세분화되었다. 화학, 물리, 생물, 지구과학, 천문학 등으로 과학이 세분화되면서 연구는 더욱 깊이 있게 진행되었다.

세분해서 연구하다 보니 과학 기술은 더욱 발전하였고, 이것은 우리의 삶을 바꾸는 중요한 바탕이 되었다. 기계의 발전으로 더 많은 물건을 빨리 만들 수 있게 되었고, 의학의 발전으로 생명이 연장되었으며, 화학의 발전으로 각종 의약품과 반도체 같은 새로운 물질이 만들어졌다.

이처럼 생활의 질이 높아진 근본 원인은 인간의 호기심 때문이라고 볼 수 있다. 따라서 물질 세계에 대한 관심은 결국 과학을 발전시키고 인간의 삶을 윤택하게 만드는 기본이 되었다는 것을 알 수 있다.

두 번째 마당

반론 꺾기

모든 법칙에는 예외가 있다?

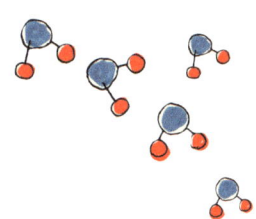

아래 십자말풀이를 하면서 알게 된 내용을 정리해 보세요.

가로 열쇠

❶ 공기 중 산소의 존재를 확인한 사람. 화학 혁명의 선두주자.
❹ 반도체에 주로 쓰이는 재료로 준금속인 이것.
❺ 물질은 물, 불, 흙, 공기로 되어 있다고 주장한 사람.
❼ 4원소설의 오류를 가장 먼저 발견한 사람.
❽ 두 물질이 화합하여 한 화합물을 만들 때 언제나 일정 비율로 결합한다는 법칙.
⓫ 버키볼의 또 다른 이름으로 최첨단 분자이고 나노 기술의 상징.

세로 열쇠

❷ 질량 보존이 성립하지 않는다고 반박한 20세기 최고의 과학자.
❸ 헬륨이라는 이름이 생겨난 유래. 태양을 뜻하는 그리스 어.
❻ 반응 전후의 질량은 언제나 변하지 않는다는 법칙.
❾ 벌에 쏘였을 때 암모니아수를 발라 주면 이 성질이 되죠.
❿ 한 물질이 두 가지 이상의 물질로 나누어지는 화학 반응.
⓬ 아리스토텔레스의 연속설과 데모크리토스의 이것.

9

십자말풀이가 어려웠나요? 아님, 누워서 떡 먹기였나요? 십자말풀이를 통해 여러 과학자들에 대해 생각해 보는 계기가 되었을 거라 믿어요.

그 중에서 '라부아지에'와 '아인슈타인'의 주장을 한번 비교해 보기로 해요. 두 과학자의 대화를 잘 들어 보고 토론의 핵심이 무엇인지 알아보세요.

라부아지에: 내가 '질량 보존의 법칙'을 발견한 사람이야. 수많은 실험을 통해 얻어 낸 결과지. 내 실험은 정밀하고 완벽해. 법칙이란 현상들의 원인과 결과 사이에 있는 보편적이고 필연적인 관계를 뜻하는 거라네. 질량 보존의 법칙은 어떠한 경우에도 해당되지.

아인슈타인: 어떠한 경우에도 해당되는 법칙이 있을 수 있을까요? 질량 보존의 법칙이 해당되지 않는 것도 있어요. 바로 핵반응에서지요. 제 특수상대성이론에 의하면 질량은 보존되지 않는다고요. 이해하시겠어요?

잘 들어 보니 어떤 안건을 놓고 충돌하고 있는지 알 수 있지요? 바로, **'모든 법칙에는 예외가 있을 수 있다'** 는 것입니다. 여러분은 누구의 손을 들어주고 싶은가요?

(9쪽 정답)

강력한 자기 주장을 위한 '반론 꺾기'

이제는 여러분이 이 토론에 참여할 차례군요. 토론을 하기 위해서는 자신이 지지하는 입장을 하나 골라야 한다는 건 알고 있겠죠? 아 참, 토론은 찬성과 반대가 분명한 입장이 있을 수 있는 안건을 다룬다는 것도 알고 있겠죠? 자, 그럼 계속 읽으면서 여러분의 입장을 정해 보기로 합시다.

나? 라부아지에가 옳다고 생각해.

왜냐하면 보통의 화학 변화나 물질의 변화에서 모두 이 법칙이 적용되기 때문이지. 아인슈타인이 상대성이론을 들고 나와 이 법칙에도 예외가 있다고 했지만, 핵반응은 자연계에서 일어날 수 없으며 핵반응이 일어난다고 해도 일어나는 경우가 미미해서 그 정도는 무시해도 좋은 정도라고 생각해. 따라서 라부아지에가 옳다고 생각해.

나? 아인슈타인이 옳다고 생각해.

핵분열이나 핵융합에서는 질량 보존의 법칙이 소용없어. 방대한 에너지의 출입으로 그 질량에 변화가 있지. 과학에서의 법칙이란 특수성도 모두 포함해야 한다고 생각해. 자연계에서 이런 현상이 없다고 하지만 별이 탄생할 때를 생각하다면 자연에서도 일어나는 현상이야. 우주 어디에선가는 계속 일어나고 있는 현상이지. 그래서 질량 보존의 법칙은 예외가 있는 근사적인 법칙이라고 말해야 하며, 전적으로 아인슈타인 의견이 옳다고 생각해.

서로 대립하는 두 주장이 있을 때 어느 한 편을 들어야 한다는 것이 쉬운 일은 아니지요. 왜냐하면 생각을 아주 정밀하게 해야 두 입장 간의 차이를 알고, 둘 중에서 자신의 입장을 좀 더 분명하게 고를 수 있기 때문이지요.

여러분 자신의 입장을 정하기 위해서 우선 두 사람이 자기 주장을 하는 방식을 살펴보세요.

두 사람이 모두 ❶찬성하는 이유를 말하고 이어서 ❷반대 의견을 생각하고 있지요? ❸그 반대 의견을 자신의 주장과 비교하면서 반대 의견의 이유와 설명이 잘못되었다고 이야기하고 있어요. 이것을 '반론 꺾기'라고 하는데 이것은 내 주장을 더욱 강력하게 할 수 있는 좋은 방법이에요. 여러분도 이제 충분히 자기 입장을 정해서 강력하게 주장할 준비가 되었나요? 자, 시작해 보세요.

세 번째 마당

말로 논술하기

산성비가 대머리를 만들었을까?

일반적으로 논술은 주장을 글로 나타낸 것을 말합니다. 하지만 사전을 찾아보면 자기 의견을 조리있게 나타내거나 서술하는 말 또는 글이라고 설명되어 있습니다. 다시 말하면 논술은 말로 할 수도 있다는 뜻입니다.

세 번째 마당에서는 말로 자기 주장을 펴는 연습을 해 보도록 하겠습니다. 우선 산성비와 관련한 다음 글을 잘 읽어 보세요.

> 물은 특이한 성질을 가지고 있어요. 물 분자는 전기적 성질을 가지고 있어 무엇이든지 잘 녹이지요. 공기 중의 수증기는 공기 중에 있는 황산화물, 질소화합물들과도 잘 결합하여 녹이고 흡착하여 산성비가 탄생되는 것입니다. 1차 오염 물질(황산화물, 질소 화합물 등)이 많으면 많을수록 수증기의 용해는 많이 일어나게 된답니다.

다음은 산성비의 농도와 비슷한 일상 생활의 물품입니다. 이런 물품들을 먹고 마시는데 우리는 과연 안전할까요? 지금까지 좋은 식품이라고 생각했는데, 그럼 산성비도 괜찮지 않을까요?

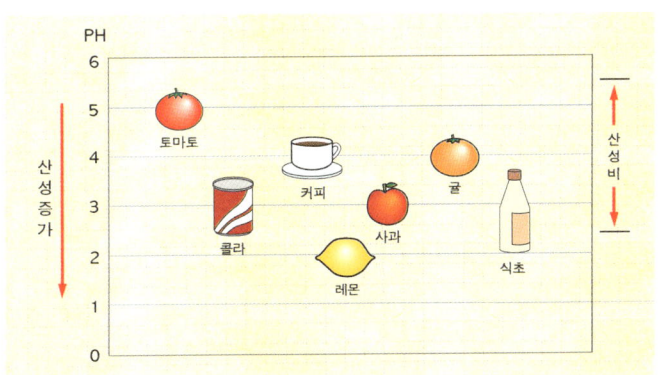

산성비는 과연 나쁘기만 한 걸까

앞의 자료를 보면 우리들이 산성비와 비슷한 농도의 식품을 쉽게 먹는다는 것을 알 수 있지요? 그 식품이 위험하지 않으니 산성비도 나쁜 것만은 아닐 것이라는 생각이 들지 않나요? 그럼, 산성비에 대해서 더 생각해 보세요.

여러분은 누구의 의견에 동의하나요? 답을 알기 위해서는 산성비에 대한 지식이 좀 더 필요하겠지요? 그럼 다음 글을 읽어 보세요.

> 자연적으로 생기는 산성비가 있다. 공기 중에는 산소나 이산화탄소 외에 질소도 포함되어 있는데, 이 질소는 번개와 같은 자연 방전에 의해 산소와 결합하여 질산을 만들기도 한다. 자연적으로 발생한 질산이 비에 녹아 내리면 곧 산성비가 된다. 질산을 함유한 이 비는 식물에 도움을 준다. 질산이 비료의 성분임을 안다면 더욱 이해하기 쉬울 것이다. 식물이 생명을 유지하는 데 질소 함유물이 필요하다. 보통 땅에서 질산을 얻지만, 이것은 수용성으로 쉽게 강으로 흘러가 버린다. 질산이 부족하면 땅이 사막화될 수도 있다.

> 그러나 우리가 말하는 산성비는 번개 산성비가 아니라 인공 산성비를 말한다. 황 원소와 질소 원소를 포함하는 산성이 매우 강한 비로, 그 피해는 무시무시하다.

이번에는 어느 의사와 그의 화학자 친구 간에 오고간 편지를 보면서 더 생각해 보세요. 잘 읽으면 여러분이 할 말을 충분히 준비할 수 있을 거예요.

친애하는 ○○ 화학 박사에게

요즘 머리가 자꾸 더 빠지는 것이 이젠 완전 대머리가 될 지경이라네. 아무래도 산성비 때문에 내가 대머리가 된 것 같다는 생각이 드는구먼.

우리 지역은 산성비 때문에 오래전부터 옛 건물이 부식되고 공원에 있는 나무들도 잘 자라지 않고 숲은 사라진 지 오래되었네. 며칠 전 비가 오고 나서는 물고기가 떼 지어 죽었다는 뉴스도 나오고, 토양이 산성화되고 중금속이 녹아 곡식 생산량이 눈에 띄게 줄어서 청정 지역 곡물 제품을 비싸게 사오고 있다네.

하지만 난 의사이니 의학적으로 생각해 봐야겠지. 대머리의 원인은 복합적인 것으로 알려져 있는데, 특히 남자의 대머리는 남성 호르몬이 많이 나와 엄마로부터 받은 X염색체에 변이가 일어나는 것으로 알려져 있고, 2차적 요인으로는 음식, 스트레스, 환경 등이 관여한다고 알려져 있지. 그런데 우리 가족 중에는 대머리가 없다네. 이 지역에 30년 동안 사는 나만 대머리인 것과 이 지역 사람들이 대머리가 많은 것을 보면 환경 요인 중 산성비 때문이라는 생각이 드는데, 화학자인 자네 생각은 어떤지 이야기해 주기 바라네.

- ○○년 ○월 ○일 친구가

대머리 의사 친구에게

　보내 준 편지 잘 받았네. 산성비를 계속 맞으면 대머리가 된다는 자네 의견에 찬성하네. 자네 말대로 산성비는 물고기를 죽게 하고 중금속을 쉽게 녹이는데, 사람이 이런 유해 물질을 맞게 되면 모습도 변할 수 있다고 생각하네. 왜냐하면 산성비를 맞는 곳이 대부분 머리 부위여서 머리카락이 빠질 위험성이 매우 크기 때문이지. 더구나 머리카락은 중금속과 친화력이 있거든.

　이외에도 중금속이나 공해 물질이 녹아 있는 산성비는 인간 유전자나 호르몬을 변화시킬 수 있다고 보네. 의사인 자네가 더 잘 알겠지만, 변이 유전자나 호르몬 변화는 탈모와 여러 증상을 가져오는데, 눈에 띄는 변화는 머리카락이 빠지는 증상이라는 것을 알고 있지 않은가!

　단지 산성비를 맞았다고 큰 변화가 있는 것은 아니라고 주장할 사람도 있겠지. 당연히 한 번 산성비를 맞는다고 대머리가 되지는 않지만, 자네가 그 지역에 산 지 30년이 넘었으니 산성비를 여러 번, 긴 시간 맞았을 거라는 것은 누구나 짐작할 수 있지 않겠나!

　그래서 산성비를 지속적으로 맞으면 대머리가 될 수 있다고 생각하네. 그리고 나도 자네 대머리는 산성비 때문이라고 생각하고 있다네.

　그럼, 잘 있게나.

　　　　　　　　　　　　　　　－ ○○년 ○월 ○일 친구가

　자, 이제 여러분 차례입니다. 여러 자료를 읽으니 생각이 좀 정리되었나요? 목청을 가다듬고 산성비에 대한 여러분의 생각을 지금부터 큰 소리로 발표해 봅시다. 아무도 들어 줄 사람이 없다고요? 그럼 어때요? 벽에 대고 하면 되지요, 뭐. 말 잘 하는 연습 하는 건데, 남들이 좀 이상하게 보는 것이 대수겠어요? 안 그런가요?